La bondad de Dios para los elegidos

The CHOSEN

Un estudio bíblico interactivo

Temporada 4

La bondad de Dios para los elegidos

Amanda Jenkins, Dallas Jenkins y Douglas S. Huffman

150 YEARS STRONG
DAVID C COOK

LA BONDAD DE DIOS PARA LOS ELEGIDOS
Publicado por David C Cook
4050 Lee Vance Drive
Colorado Springs, CO 80918 EE. UU.

Integrity Music Limited, una división de David C Cook
Brighton, East Sussex BN1 2RE, Inglaterra

ISBN 978-0-8307-9147-7

Esta edición en español fue publicada por David C Cook
en colaboración con Come and See Foundation, Inc.

El equipo: Michael Covington, Stephanie Bennett, Jack Campbell, Susan Murdock, Brian Mellema, Justin Claypool
Equipo de traducción y revisión: Carla Serratos, Tomas Chapman, Zulma Fontánez e Ismael Infante
Diseño de la portada: James Hershberger

Impreso en Canadá
Primera edición en español 2025

1 2 3 4 5 6 7 8 9 10

082925

ÍNDICE

“Pedro, apóstol de Jesucristo, a los expatriados
de la dispersión en el Ponto, Galacia, Capadocia,
Asia y Bitinia, elegidos según la presciencia
de Dios Padre en santificación del Espíritu,
para obedecer y ser rociados con la sangre de
Jesucristo: Gracia y paz os sean multiplicadas”.

1 Pedro 1:1–2

INTRODUCCIÓN

Qué manera más interesante de comenzar una carta: “a los expatriados de la dispersión…”.

Escribiendo en los años 60s d. C., Simón Pedro dirigió su mensaje a los cristianos del Medio Oriente del primer siglo. Llamó a sus lectores “expatriados de la dispersión”, es decir, “pueblo elegido dispersado”.

Dispersión: acción o proceso de distribuir cosas o personas por un área extensa.

¿Te suena conocido? Debería, porque aquellos que seguimos a Jesús *somos* expatriados, elegidos por Dios y dispersados, aunque quizás no siempre nos consideremos así. La mayoría de nosotros no hemos sido perseguidos por seguir a Jesús, echados de nuestros hogares o amenazados de muerte por no renunciar a nuestra fe. Pedro, por otro lado, experimentó todo esto y, unos pocos años después de escribir su carta, fue ejecutado por el emperador romano Nerón.

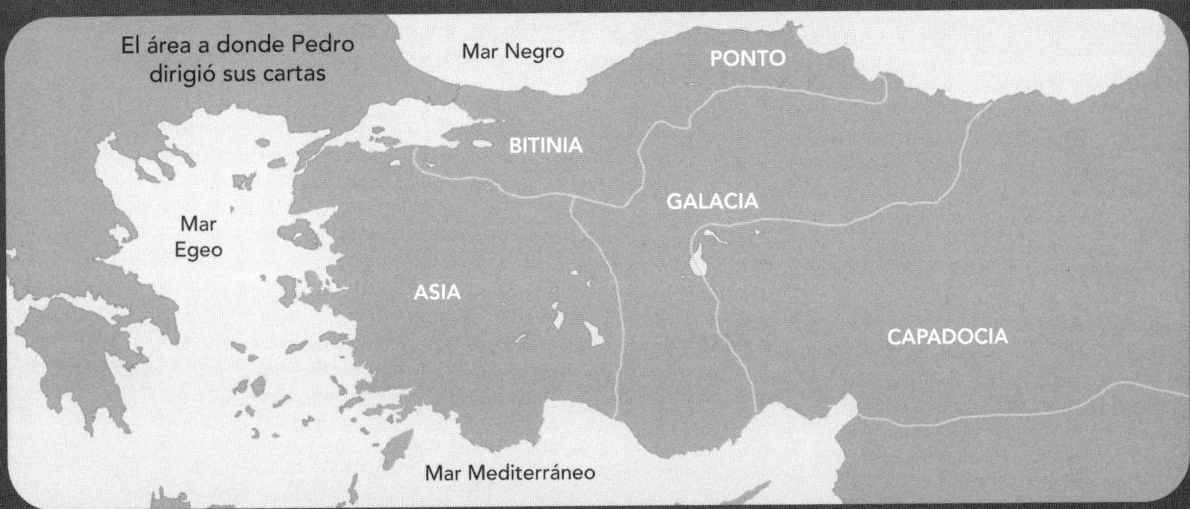

Expatriados: gente echada de su tierra natal por la fuerza, por lo que debe vivir en otro lugar.

La Biblia se refiere a los cristianos como expatriados en el mundo porque ya no pertenecen al mundo; pertenecen al reino de Dios y, por tanto, su "ciudadanía está en los cielos" (Fil. 3:20).

"[Jesús oró, diciendo] Ahora vuelvo a ti, pero digo estas cosas mientras todavía estoy en el mundo, para que [mis seguidores] tengan mi alegría en plenitud. Yo les he entregado tu palabra y el mundo los ha odiado porque no son del mundo, como tampoco yo soy del mundo. No te pido que los quites del mundo, sino que los protejas del maligno. Ellos no son del mundo, como tampoco lo soy yo. Santifícalos en la verdad; tu palabra es la verdad. Como tú me enviaste al mundo, yo los envío también al mundo. Y por ellos me santifico a mí mismo, para que también ellos sean santificados en la verdad".
Juan 17:13–19
(NVI)

Pero no nos adelantemos, pues antes de su muerte Pedro vivió de una manera que deberíamos querer imitar. No fue perfecto, como *The Chosen* suele mostrar, pero sí estuvo firme en su fe. Y todo comenzó con peces. O, mejor dicho, una enorme escasez de peces.

"Cuando [Jesús] terminó de hablar, dijo a Simón: Boga mar adentro, y echad vuestras redes para pescar. Respondiendo Simón, le dijo: Maestro, **toda la noche hemos estado trabajando, y nada hemos pescado;** mas en Tu palabra echaré la red. Y habiéndolo hecho, encerraron gran cantidad de peces, y su red se rompía. Entonces hicieron señas a los compañeros que estaban en la otra barca, para que viniesen a ayudarles; y vinieron, y llenaron ambas barcas, de tal manera que se hundían. Viendo esto Simón Pedro, cayó de rodillas ante Jesús, diciendo: Apártate de mí, Señor, porque soy hombre pecador. [...] Pero Jesús dijo a Simón: No temas; desde ahora serás pescador de hombres. Y cuando trajeron a tierra las barcas, dejándolo todo, le siguieron".
Lucas 5:4–11

Piensa en esto: antes de que Jesús llenara la barca de Pedro con peces, *no había peces*. Es decir, un pescador profesional estuvo toda la noche en un mar lleno de peces y no pescó nada. NADA. Y luego Jesús llenó su barca con tantos peces que Pedro no pudo meterlos sin ayuda. Esto significa que el milagro de los peces, como se llegó a llamar, fue posible por la milagrosa *falta* de peces. Esta falta fue un sufrimiento temporal que al final fue superada por aquello mayor que Dios estaba haciendo.

Por ello, Pedro se rindió ante Jesús como Señor. Pum. Sin más. Solo que nada es realmente así de sencillo, ¿o sí? Porque las cosas se volvieron mucho más difíciles para Pedro después de darle su vida a Jesús. Seguirlo implicó dejar su hogar y su esposa por largos periodos. Implicó ministrar y servir a gente necesitada todos los días, sin importar cómo se sintiera. Implicó vivir prácticamente sin dinero. Ni planes. Ni control. Ni siquiera tenía una comprensión completa de algunas cosas que Jesús hacía o decía.

Agrégale a esto la feroz resistencia cultural de su época, líderes religiosos celosos y peligrosos, acusaciones falsas, persecución constante y la opresión en curso de Roma... y terminas con un Cristo crucificado y diez de Sus doce apóstoles hechos mártires. Curiosamente, una de las últimas interacciones de Pedro con Jesús fue casi idéntica a la primera.

Solo que esta vez incluyó una advertencia.

> "Cuando ya iba amaneciendo, se presentó Jesús en la playa; mas los discípulos no sabían que era Jesús. Y les dijo: Hijitos, ¿tenéis algo de comer? Le respondieron: No. Él les dijo: Echad la red a la derecha de la barca, y hallaréis. Entonces la echaron, y ya no la podían sacar, por la gran cantidad de peces. Entonces [Juan] dijo a Pedro: ¡Es el Señor! Simón Pedro, cuando oyó que era el Señor, se ciñó la ropa (porque se había despojado de ella), y se echó

Para nerds bíblicos (como nosotros) que quieren saber

Sabemos que Simón Pedro vivía en Capernaúm (Mc. 1:21–29), donde era pescador con su hermano Andrés (Mt. 4:18; Mc. 1:16) y que estaba casado (Mt. 8:14; Mc. 1:30; Lc. 4:38).

Simón se describe en el Nuevo Testamento como un hombre confiado de más, quien parecía pensar que podía ganarse su valor y que a veces hablaba descuidadamente (Mt. 16:21–23; 26:31–35, 69–75). El Evangelio de Lucas de hecho menciona uno de esos momentos, al agregar después de una intervención de Pedro "no sabiendo lo que decía" (Lc. 9:33).

Aún así, Jesús lo llamó a seguirlo (Lc. 5:1–11) y fue paciente con él (22:31–32). Simón Pedro se volvió un líder clave entre los doce apóstoles (Hch. 1–12), un predicador fundamental de la Iglesia primitiva (Mt. 16:18), escritor de dos libros bíblicos en el Nuevo Testamento (1 y 2 Pe.), sanador de enfermos y cojos (Hch. 5:15) y fue valiente hasta la muerte (Jn. 21:15–19).

al mar. Y los otros discípulos vinieron con la barca, arrastrando la red de peces, pues no distaban de tierra sino como doscientos codos.

Al descender a tierra, vieron brasas puestas, y un pez encima de ellas, y pan. Jesús les dijo: Traed de los peces que acabáis de pescar. Subió Simón Pedro, y sacó la red a tierra, llena de grandes peces, ciento cincuenta y tres; y aun siendo tantos, la red no se rompió. Les dijo Jesús: Venid, comed. [...]

Cuando hubieron comido, Jesús dijo a Simón Pedro: Simón, hijo de Jonás, ¿me amas más que estos? Le respondió: Sí, Señor; tú sabes que te amo. Él le dijo: Apacienta mis corderos. Volvió a decirle la segunda vez: Simón, hijo de Jonás, ¿me amas? Pedro le respondió: Sí, Señor; tú sabes que te amo. Le dijo: Pastorea mis ovejas. Le dijo la tercera vez: Simón, hijo de Jonás, ¿me amas? Pedro se entristeció de que le dijese la tercera vez: ¿me amas? y le respondió: Señor, tú lo sabes todo; tú sabes que te amo. Jesús le dijo: Apacienta mis ovejas.

De cierto, de cierto te digo: Cuando eras más joven, te ceñías, e ibas a donde querías; mas cuando ya seas viejo, extenderás tus manos, y te ceñirá otro, y te llevará a donde no quieras. Esto dijo, dando a entender con qué muerte había de glorificar a Dios. Y dicho esto, añadió: Sígueme".

Juan 21:4–19

No fue la mejor publicidad del mundo; en vez de decirle a Su discípulo amado que seguirlo le daría felicidad personal y una vida más fácil, Jesús le dijo a Pedro que sufriría. Enfatizó las cosas difíciles. *Si me amas, servirás. Si me amas, irás a donde te lleve. Si me amas, darás la vida como Yo di la mía.* A lo que Pedro rápidamente señaló a Juan y dijo "Señor, ¿y qué de este? Jesús le dijo: Si quiero que él quede hasta que yo venga, ¿qué a ti? Sígueme tú" (vv. 21–22).

El sufrimiento es así; nadie lo quiere. Pedro tampoco lo quería, por lo que nos preguntamos ¿cómo pasó de ser el que negó incluso conocer a Jesús (Mt. 26:69–75; Lc. 22:54–62) a ser el que predicó el Evangelio con valentía sin importar las consecuencias? ¿Cómo pudo fijar su mirada en la esperanza de los cielos a pesar de terribles circunstancias terrenales? ¿Cómo llegó a ser tal pilar de fuerza y fe al final de su vida?

Porque una y otra vez

Pedro vio la bondad del Señor superar el sufrimiento.

Para nerds bíblicos (como nosotros) que quieren saber

¿A quién (o a qué) se refirió Jesús cuando le preguntó a Pedro "¿Me amas más que estos?".

Los teólogos han ofrecido tres opciones:

Opción #1: "... estos [objetos]?".

Algunos han argumentado que Jesús se refería a los objetos de pesca cercanos (barcas, redes, equipo de pesca), ya que Pedro acababa de decir "Voy a pescar" (Jn. 21:3).

Pero elegir entre cosas materiales y el Salvador resucitado suena ridículo. Así que probablemente Jesús no se refería a eso.

Opción #2: "... estos [hombres]?".

Algunos han argumentado que Jesús quiso decir "¿Me amas más de lo que amas a estos otros discípulos?".

Pero elegir entre amar a otros y amar al Señor Jesús resucitado (a quien los demás discípulos también amaban) también suena ridículo. Así que probablemente Jesús no se refería a eso.

Opción #3: "... estos [me aman]?". Creemos que Jesús le preguntaba "¿Me amas más de lo que me aman estos otros discípulos?".

Claro, no se trataba de un concurso sobre quién amaba más a Jesús. Pero Pedro había alardeado "Por ti daré hasta la vida" justo antes de que Jesús predijera que de hecho él negaría a Jesús tres veces:

"—¿Y a dónde vas, Señor? —preguntó Simón Pedro. Jesús respondió:—Adonde yo voy, no puedes seguirme ahora, pero me seguirás más tarde. —Señor —insistió Pedro—, ¿por qué no puedo seguirte ahora? Por ti daré hasta la vida. Jesús respondió:—¿Tú darás la vida por mí? Te aseguro que antes de que cante el gallo, me negarás tres veces" (Jn. 13:36–38 NVI).

En ese contexto, podríamos expandir la pregunta de Jesús a "Ya que me negaste tres veces, así como dije que lo harías, todavía puedes jactarte de amarme más de lo que cualquier otro discípulo me ama?".

En Su misericordia (y casi como un ejercicio de sanidad), Jesús permitió que Pedro reafirmara su amor tres veces. Y luego le confirmó a Pedro que en verdad sí tendría que dar su vida por Él.

Gozarse:
sentir o mostrar gran felicidad o deleite.

Según la primera carta de Pedro en el Nuevo Testamento, las cosas difíciles que experimentamos en esta vida *siempre* son superadas por las cosas mayores que Dios hace en y mediante ellas. Es decir, en vez de lamentar nuestra escasez, debemos gozarnos en ella. "Amados, no os sorprendáis del fuego de prueba que os ha sobrevenido, como si alguna cosa extraña os aconteciese, sino gozaos por cuanto sois participantes de los padecimientos de Cristo, para que también en la revelación de su gloria os gocéis con gran alegría" (1 Pe. 4:12–13).

Es más fácil decir que nos gozamos en las pruebas que hacerlo realmente. Y cómo reaccionemos ante el sufrimiento dependerá de cuánto entendamos (1) el propósito de esa prueba en nuestras vidas y (2) las bendiciones que guarda, gracias a (3) lo radicalmente bueno que es Dios.

Como "expatriados dispersos", tal conocimiento es especialmente importante, lo que nos lleva a este estudio bíblico y esta realidad: los seguidores de Jesús somos ciudadanos del cielo, aunque por ahora vivamos aquí y, en efecto, suframos. Pero, así como Pedro, tenemos un llamado a compartir el Evangelio sin importar las circunstancias. A decirle a los demás sobre la esperanza que tenemos porque nuestra mirada está fija en el cielo y en el gozo que nos espera. A permitir que Dios haga crecer raíces profundas de fuerza y fe en nuestros corazones, porque nuestras luchas están siendo superadas una y otra y otra vez por la bondad del Señor.

Y en Su bondad nos gozamos.

"Bendito el Dios y Padre de nuestro Señor Jesucristo, que según su grande misericordia nos hizo renacer para una esperanza viva, por la resurrección de Jesucristo de los muertos, para una herencia incorruptible, incontaminada e inmarcesible, reservada en los cielos para vosotros, que sois guardados por el poder de Dios mediante la fe, para alcanzar la salvación que está preparada para ser manifestada en el tiempo postrero".

1 Pedro 1:3–5

Lección 1

La muerte es superada por LA VIDA

EXT. HUERTO DE CÍTRICOS

(Elisabet lleva a María apresuradamente a un pequeño huerto de cítricos. Ambas se sientan, tomadas de la mano. Elisabet jadea. La joven María se deja guiar, pero está desconcertada. Elisabet cierra los ojos y exclama...).

ELISABET: ¡Bendita eres tú entre las mujeres, y bendito es el fruto de tu vientre!

MARÍA JOVEN *(viendo el vientre de Elisabet)*: ¿Qué? ¿Cómo supiste? Ah, supongo que ya nada debería sorprenderme.

ELISABET *(Elisabet está abrumada, las palabras le vienen antes de que las pueda pensar)*: ¡Más aún! En humildad me pregunto ¿quién soy yo para que venga a visitarme la madre de mi Señor?

MARÍA JOVEN: ¿Acaso el ángel te contó sobre mí?

ELISABET: Cuando escuché tu voz, apenas oí tu saludo, mi bebé saltó de alegría. Bienaventurada tú que has creído, pues lo que Adonai te dijo se cumplirá.

MARÍA JOVEN: Entonces el ángel sí te habló de mí.

ELISABET: El ángel se le apareció a mi esposo. Zacarías dijo que no podía creerlo.

MARÍA JOVEN *(poniendo la mano sobre la de Elisabet)*: ¿Podemos tomarlo con calma? No estás en condiciones de perder el aliento. *(Respiran juntas)*. Cuando el ángel me contó sus noticias, me sentí muy feliz. Sé cuánto tiempo sufriste. ¡Quiero que me cuentes todo!

ELISABET *(riéndose)*: La razón por la que Zacarías no pudo hablar contigo es porque él no tuvo fe en el mensaje que Dios le dio sobre mí.

MARÍA JOVEN: Tampoco estaba segura al principio.

ELISABET: Me da mucha pena que tenga que pasar por esto, pero debo admitir que a veces... *(se acerca)* me gusta el silencio. Pero me escribió el mensaje que recibió y memoricé cada palabra: su nombre será Juan.

MARÍA JOVEN: ¿Zacarías no? ¿Por qué Juan?

ELISABET: Tal vez su compromiso con Dios sea distinto. Tendrá otro camino. El ángel le dijo a Zacarías que Juan hará volver a los hijos de Israel al Señor su Dios. Lo precederá el espíritu y el poder de Elías para reconciliar a padres con hijos y que los desobedientes aprendan de la sabiduría de los justos a fin de preparar al pueblo para la llegada del Señor. Para abrirle el camino a... *(señala el vientre de María y pone la mano sobre el suyo)*. ¡Oh! ¡Lo hizo otra vez! ¡Siéntelo!

MARÍA JOVEN *(riendo de gozo)*: ¡Sí!

ELISABET *(abrumada)*: Es como si estuviera ansioso por empezar.

Buenas noticias, malas noticias

Juan el Bautista fue enviado para proclamar la venida del Mesías. Fue el precursor (Mt. 3:1–12), el preparador del camino (Is. 40:3) y el que llamó al pueblo al arrepentimiento para preparar sus corazones para "el Cordero de Dios, que quita el pecado del mundo" (Mc. 1:4; Jn. 1:29–30).

Heraldo: un mensajero oficial que lleva noticias; alguien o algo visto como señal de que algo va a pasar.

Arrepentirse: sentir y expresar un lamento sincero o remordimiento por pecar.

Jesús y la vida que ofrece venían al mundo, y Juan era el heraldo de estas buenas noticias. Pero, como a veces pasa, las malas noticias acompañaron a las buenas, porque, para que nuestros pecados sean perdonados, primero hay que reconocerlos y arrepentirnos. Para que nosotros podamos seguir, debemos abandonar las cosas que ofenden a Dios. Para experimentar la abundante provisión del Señor, hay que aceptar nuestra patética escasez. Y para "nacer de nuevo para una esperanza viva", primero hay que morir.

Tu turno

1. Seguir a Jesús requiere que nos apartemos del pecado, que rindamos nuestros planes futuros y que confiemos en Él para cuidarnos —y todo esto diariamente. ¿De qué maneras imaginas que esto fue difícil para la madre anciana de Juan el Bautista? ¿Para la madre adolescente de Jesús? ¿De qué manera eso es difícil para ti?

Para nerds bíblicos (como nosotros) que quieren saber

En el Evangelio de Juan, el título "Cordero de Dios" con el que Juan el Bautista llamó a Jesús tiene su origen en el sistema de sacrificios del Antiguo Testamento. En específico, se refiere al festival judío llamado Pascua, que involucra recordar cómo Dios rescató al pueblo hebreo de la esclavitud en Egipto (lo que se llama el "Éxodo").

En ese evento, Dios mandó a Su pueblo a sacrificar un cordero y esparcir su sangre en el marco de las puertas para que el juicio de Dios sobre Egipto "pasara de largo" a quienes demostraran su lealtad a Dios (Ex. 12:1–14). En obediencia al mandamiento de Dios de que recordaran Su obra salvadora en el Éxodo, los judíos continuaron la celebración anual de la Pascua con el sacrificio de un cordero.

Juan el Bautista entendió que el simbolismo del Éxodo y la Pascua llegaban a su punto culminante, así que identificó a Jesús como la provisión de Dios de un "cordero" que sería sacrificado para salvar a Su pueblo de la esclavitud al pecado.

No fue accidente que la muerte de Jesús ocurriera durante el festival de la Pascua (véase Juan 18–19). Y, viendo más adelante, a Jesús también se le llamó "el Cordero" en el libro de Apocalipsis (otro libro escrito por el apóstol Juan).

Evangelio: las buenas noticias de Jesucristo.

"[Los seguidores de Juan] fueron a ver a Juan y le dijeron: —Rabí, fíjate, el que estaba contigo al otro lado del Jordán y de quien tú diste testimonio ahora está bautizando, y todos acuden a él. —Nadie puede recibir nada a menos que Dios se lo conceda —respondió Juan—. Ustedes me son testigos de que dije: 'Yo no soy el Cristo, sino que he sido enviado delante de él'. El que se casa con la novia es el novio. Y el amigo del novio, que está a su lado y lo escucha, se llena de alegría cuando oye la voz del novio. Esa es la alegría que me inunda. A él le toca crecer y a mí, menguar". Juan 3:26–30 (NVI)

Instinto de supervivencia

"Y llamando a la gente y a sus discípulos, [Jesús] les dijo: Si alguno quiere venir en pos de mí, niéguese a sí mismo, y tome su cruz, y sígame. Porque todo el que quiera salvar su vida, la perderá; y todo el que pierda su vida por causa de mí y del Evangelio, la salvará. Porque ¿qué aprovechará al hombre si ganare todo el mundo, y perdiere su alma?".

Marcos 8:34–36

Los seres humanos estamos programados para autoprotegernos. Añádase a eso que nuestra cultura Occidental del siglo XXI constante (y casi exclusivamente) glorifica el egocentrismo y la autosatisfacción, lo que resulta en multitudes realmente opuestas a Dios —porque no puedes dar prioridad a Dios *y a ti mismo* a la vez. Simplemente no es posible.

De hecho, se nos habla constantemente del "yo": exhortaciones al cuidado personal, la autoayuda, la autoestima, el amor propio; a enorgullecernos de ser independientes, autodidactas, seguros, autodeterminados; a buscar metas espirituales como la autoafirmación y la autoactualización. En otras palabras, se nos anima energéticamente a ser egocéntricos.

Pero, mientras nos hiperenfocamos en nosotros mismos (y nos sentimos totalmente insatisfechos), Jesús ofrece una alternativa: ***morir* a uno mismo** —lo cual es muy diferente a lo que estamos acostumbrados. Pero aquellos que seguimos a Jesús debemos rechazar lo que el mundo enseña. Debemos rendir el control y más bien obedecer la Palabra de Dios. Y así morimos a nuestro "yo todopoderoso" y vivimos para Jesús, y le entregamos las riendas para hacer Su voluntad en nuestras vidas.

Eso es lo que significa seguir. Entregamos nuestras vidas así como Jesús entregó la Suya, y Juan el Bautista cumplió esa misión. Dios le mandó preparar el camino para el Salvador del mundo. De hecho, podemos considerarlo como el último profeta al estilo del Antiguo Testamento, encargado de dirigir a otros hacia Jesús a la par de Isaías, Miqueas y Zacarías.

Para nerds bíblicos (como nosotros) que quieren saber

ALGUNAS PROFECÍAS Y SU CUMPLIMIENTO EN JESÚS EN EL NT		
Antiguo Testamento	**Nuevo Testamento**	**Cumplimiento**
2 Sam. 7:12–16; Sal. 132:11; Is. 11:1; Jer. 23:5	Mt. 1:1–17; Lc. 3:23–38; Jn. 7:42	El linaje davídico de Jesús
Miq. 5:2	Mt. 2:4–6; Lc. 2:1–20; Jn. 7:42	El nacimiento de Cristo en Belén
Is. 40:3–5; Mal. 3:1	Mt. 3:1–3; Mc. 1:2–4; Lc. 3:1–6; 7:24–28; Jn. 1:19–23	Juan el Bautista como predecesor de Cristo
Mal. 4:5–6	Mt. 11:7–14; 17:10–13; Mc. 9:11–13; Lc. 1:13–17	Juan el Bautista como una figura similar a Elías que anunciaba a Cristo
Is. 9:1–2	Mt. 4:13–17	El ministerio de Cristo en la región de Galilea
Is. 29:18–19; 35:5–6; 53:4; 61:1–2	Mt. 8:17; 11:2–6; Lc. 4:16–22; 7:18–23	El ministerio de Cristo de sanidades milagrosas y buenas noticias
Is. 42:1–4	Mt. 12:15–21	La compasión de Cristo en el ministerio
Dt. 18:15; Is. 42:1; Sal. 2:7	Lc. 9:28–36; Hch. 3:19–24; cf. 7:37	Cristo como la provisión de Dios de alguien como Moisés, quien hablaría por Él
Sal. 78:1–4	Mt. 13:34–35	La enseñanza de Cristo con parábolas
Is. 6:9–10; 53:1	Mt. 13:10–15; Mc. 4:10–12; Lc. 8:9–10; Jn. 12:37–41	El rechazo despiadado de las enseñanzas de Cristo
Is. 62:11; Zac. 9:9	Mt. 21:1–9; Jn. 12:12–19	La entrada humilde de Cristo a Jerusalén sobre un burro
Sal. 22:1–18; 34:20; Is. 52:13–53:12; Zac. 12:10	Mt. 27:32–49; Jn. 19:18–37	El sufrimiento de Cristo y Su muerte en la cruz
Sal. 16:8–11; Os. 6:1–2	Lc. 24:46–47; Jn. 2:19–22; Hch. 2:22-31	La resurrección de Cristo
Sal. 110:1	Mt. 22:41–46; Mc. 12:35–37; Lc. 20:41–44; Hch. 2:32–36	La exaltación de Cristo
Jl. 2:28–32	Hch. 2:1–21, 38–39	Se derrama el Espíritu Santo sobre los creyentes

"Y comenzó a enseñarles que le era necesario al Hijo del Hombre padecer mucho, y ser desechado por los ancianos, por los principales sacerdotes y por los escribas, y ser muerto, y resucitar después de tres días. Esto les decía claramente. Entonces Pedro le tomó aparte y comenzó a reconvenirle. Pero él, volviéndose y mirando a los discípulos, reprendió a Pedro, diciendo: ¡Quítate de delante de mí, Satanás! porque no pones la mira en las cosas de Dios, sino en las de los hombres. Y llamando a la gente y a sus discípulos, les dijo: Si alguno quiere venir en pos de mí, niéguese a sí mismo, y tome su cruz, y sígame. Porque todo el que quiera salvar su vida, la perderá; y todo el que pierda su vida por causa de mí y del evangelio, la salvará. Porque ¿qué aprovechará al hombre si ganare todo el mundo, y perdiere su alma?".
Marcos 8:31–36

Una vez que la misión se cumplió y Jesús se reveló, Juan debía retirarse de la escena —ser él mismo superado. Pero el Bautista no cooperó por simple obediencia. Por supuesto, es bueno y justo obedecer a Dios, seguir a Jesús sin importar el costo y confiar en Él para el resultado —aun si ese resultado es la muerte. Después de todo, Jesús murió y debemos morir también para realmente vivir.

Pero, mientras la mala noticia de nuestra "muerte" es necesaria, es totalmente superada por la buena noticia que le sigue justo después: morimos para poder renacer a una esperanza viva, lo que es exactamente lo que el preparador del camino, hasta sus últimas horas en una celda, anhelaba.

Tu turno

2. Jesús nos llama a seguirlo hasta la cruz. Pero con demasiada frecuencia, llevamos nuestra mentalidad de "yo primero" a nuestra relación con Él. Es decir, nos enfocamos en lo que Él puede hacer por nosotros en vez de lo que podemos hacer por Él. ¿De qué manera estás practicando el morir a ti mismo, y de qué maneras sigues poniéndote primero?

3. Lee Marcos 8:31–36 que aparece arriba en el margen. ¿¡Cómo llamó Jesús a Pedro!? ¿Qué explicación dio para haberlo regañado tan severamente?

4. ¿Qué son las "cosas de Dios"? ¿Qué son las "cosas de los hombres"?

Beneficios laborales

> "No os hagáis tesoros en la tierra, donde la polilla y el orín corrompen, y donde ladrones minan y hurtan; sino haceos tesoros en el cielo, donde ni la polilla ni el orín corrompen, y donde ladrones no minan ni hurtan. Porque donde esté vuestro tesoro, allí estará también vuestro corazón".
>
> Mateo 6:19–21

Fijarse en uno mismo es renunciar al tesoro real. En otras palabras, la mayoría de nosotros pasamos tanto tiempo intentando hacer tesoros en la tierra (para sentir seguridad en la cuenta de banco, ser afirmados por otros, ser tan bellos, inteligentes o exitosos como vemos que es la gente que nos rodea) que perdemos de vista **lo que ya tenemos en Cristo.**

En su carta, Pedro describió aquello *para lo que* fueron resucitados los seguidores de Cristo: "para una esperanza viva" (1 Pe. 1:3). Por cierto, la Biblia no enseña que hay que separarnos de todo el placer que Dios ha puesto en el mundo. Aunque el dominio propio, la autodisciplina y hasta el autosacrificio son virtudes cristianas dignas de reconocimiento (1 Pe. 4:7–11; 2 Pe. 1:3–11), no somos ascéticos. Al contrario, Dios creó el mundo y todo lo que hay en él, y quiere que disfrutemos lo que hizo dentro de los límites que quiso.

> Ascéticos:
> gente que se castiga negándose sus necesidades básicas humanas queriendo así ganar virtud.

Dicho esto, ¡la razón para la cual hemos sido resucitados **es para disfrutarlo a Él!** Junto con todos los beneficios que vienen con seguirlo.

Si estás en Cristo, has "[renacido] para una esperanza viva, [...] para una herencia incorruptible, incontaminada e inmarcesible, reservada en los cielos para vosotros" (1 Pe. 1:3–4). Esto significa que el Creador del mundo, Aquel que puso los límites del mar (Jer. 5:22) y es dueño del ganado de mil collados (Sal. 50:10), el autor del tiempo y del espacio y de las galaxias que se extienden más allá de lo que nuestros telescopios pueden ver (Is. 40:26), el Rey cuyo trono celestial está rodeado por un arcoíris de esmeralda (Ap. 4:2–3) y de criaturas angelicales que lo alaban día y noche (Ap. 7:11),

ÉL ha reservado tu herencia.

Y no solo eso. Dios no solo ha almacenado maravillas para ti en el cielo; también te está cuidando en la tierra. Él te protege, guía y sustenta en maneras que no podrías lograr por ti mismo, sin importar cuánto tiempo decidas invertir en ti. Por lo que hay que preguntarnos ¿para qué depender de nosotros mismos cuando Dios está dispuesto a ayudarnos en todo? ¿Acaso cualquiera de nosotros podría cuidarnos mejor que el Señor de la vida, que nos ama y que es amor?

Ciertamente Su bondad supera nuestra "muerte" y redefine lo que realmente importa en la vida. (Spoiler: no eres tú).

Tu turno

5. Cristo eligió el mayor sufrimiento para que pudiéramos renacer a la esperanza de Su resurrección:

- La vida con Dios en la tierra donde Él protege a cada seguidor para la eternidad.
- La vida con Dios en el cielo donde hay una herencia que le espera a cada seguidor.

¿De qué manera conocer para qué has sido salvado te hace estar más dispuesto a morir a aquello de lo que has sido salvado?

"Esforzaos y cobrad ánimo; no temáis, ni tengáis miedo de ellos, porque Jehová tu Dios es el que va contigo; no te dejará, ni te desamparará".
Deuteronomio 31:6

"El ángel de Jehová acampa alrededor de los que le temen, y los defiende".
Salmos 34:7

"No temas, porque yo estoy contigo; no desmayes, porque yo soy tu Dios que te esfuerzo; siempre te ayudaré, siempre te sustentaré con la diestra de mi justicia".
Isaías 41:10

"Ninguna arma forjada contra ti prosperará, y condenarás toda lengua que se levante contra ti en juicio. Esta es la herencia de los siervos de Jehová, y su salvación de mí vendrá, dijo Jehová".
Isaías 54:17

"No os afanéis, pues, diciendo: ¿Qué comeremos, o qué beberemos, o qué vestiremos? Porque los gentiles buscan todas estas cosas; pero vuestro Padre celestial sabe que tenéis necesidad de todas estas cosas. Mas buscad primeramente el reino de Dios y su justicia, y todas estas cosas os serán añadidas".
Mateo 6:31–33

"Pero fiel es el Señor, que os afirmará y guardará del mal".
2 Tesalonicenses 3:3

6. Lee los versículos al margen. ¿Cuáles son algunas maneras en las que Dios te protege en la tierra?

7. ¿Qué significa que "donde esté vuestro tesoro, allí estará también vuestro corazón"? ¿Qué es lo que más atesoras? ¿Qué, en Jesús, comienzas a atesorar *más*?

Nuestra nueva realidad

"Y [seguidores de Juan] vinieron a Juan y le dijeron: Rabí, mira que el que estaba contigo al otro lado del Jordán, [Jesús] de quien tú diste testimonio, bautiza, y todos vienen a él. Respondió Juan y dijo: No puede el hombre recibir nada, si no le fuere dado del cielo. Vosotros mismos me sois testigos de que dije: Yo no soy el Cristo, sino que soy enviado delante de él. El que tiene la esposa, es el esposo; mas el amigo del esposo, que está a su lado y le oye, se goza grandemente de la voz del esposo; así pues, este mi gozo está cumplido.

Es necesario que él crezca, pero que yo mengüe".

Juan 3:26–30

Por cierto:
Morir al pecado puede sonar como una mala noticia a primera vista, ¡pero hay que recordar que esa es realmente la buena noticia de ser rescatados de la esclavitud del pecado! Y siempre debemos ver el rescate de la esclavitud como buenas noticias (véase Rom. 6).

Obvio.

Las malas noticias a veces acompañan a las buenas; y para que podamos vivir en Cristo tenemos que morir al pecado. Esto significa que las únicas actitudes relacionadas a nosotros mismos que siempre debemos tener son las que mencionamos anteriormente, como el dominio propio, la disciplina y el autosacrificio. O, mejor aún, el estar enfocados en Jesús, controlados por el Espíritu, dirigidos hacia el cielo y llenos de esperanza.

Porque no somos Aquel que necesitamos.

Al contrario, necesitamos a Jesús. Necesitamos la esperanza que Su resurrección nos da, la protección que Su presencia nos promete y la satisfacción que nuestras almas solo encuentran en Él. Ojalá aprendiéramos a decir junto con el heraldo de las buenas noticias del Evangelio de Jesucristo:

Él debe crecer. Nosotros debemos menguar.

Tu turno

8. ¿Cómo puedes enfocarte más en Jesús el día de hoy?

Las temporadas 3 y 4 de ***The Chosen*** incluyen salmos del Antiguo Testamento, por lo que cada lección de esta guía cerrará con uno.

El libro de los Salmos es una colección de cantos, himnos, poesía y oraciones. Algunos inspiran a alabar, algunos dan consuelo en el dolor, pero todos se pueden orar cuando de otro modo las palabras nos faltan.

Enfoque de la oración

Alaba a Jesús por morir por tus pecados, para que tú pudieras morir a tu pecado. Alábale por resucitar de entre los muertos, para que tú también puedas resucitar a una vida nueva. Dale las gracias por guardarte en el aquí y ahora, y por la herencia que está reservándote en el cielo. Pídele que Él crezca mientras lo sigues, y que te ayude a menguar.

Propuesta de oración

Guárdame, oh Dios, porque en ti he confiado. Oh alma mía, dijiste a Jehová: Tú eres mi Señor; no hay para mí bien fuera de ti. Para los santos que están en la tierra, y para los íntegros, es toda mi complacencia. Se multiplicarán los dolores de aquellos que sirven diligentes a otro dios. No ofreceré yo sus libaciones de sangre, ni en mis labios tomaré sus nombres. Jehová es la porción de mi herencia y de mi copa; tú sustentas mi suerte. Las cuerdas me cayeron en lugares deleitosos, y es hermosa la heredad que me ha tocado. Bendeciré a Jehová que me aconseja; aun en las noches me enseña mi conciencia. A Jehová he puesto siempre delante de mí; porque está a mi diestra, no seré conmovido. Se alegró por tanto mi corazón, y se gozó mi alma; mi carne también reposará confiadamente; porque no dejarás mi alma en el Seol, ni permitirás que tu santo vea corrupción. Me mostrarás la senda de la vida; en tu presencia hay plenitud de gozo; delicias a tu diestra para siempre.

Salmos 16

"Gocémonos y alegrémonos y démosle gloria; porque han llegado las bodas del Cordero, y su esposa se ha preparado. Y a ella se le ha concedido que se vista de lino fino, limpio y resplandeciente; porque el lino fino es las acciones justas de los santos. Y el ángel me dijo: Escribe: Bienaventurados los que son llamados a la cena de las bodas del Cordero. Y me dijo: Estas son palabras verdaderas de Dios". Apocalipsis 19:7–9

EXT. PASILLO DE LA CÁMARA DE EJECUCIONES

(En la luz tenue justo antes del amanecer, guardias del palacio escoltan a Juan el Bautista. Sus manos están atadas y sus pies encadenados tropiezan mientras los guardias lo empujan.

Una pesada puerta de madera se abre hacia un cuarto grande con paredes de piedra, y Juan ve el lugar donde será decapitado. Su cara no muestra ni sorpresa ni miedo. Un soldado pule una bandeja brillante).

JUAN EL BAUTISTA: Qué linda bandeja. ¿Es plata?

SOLDADO: De la mejor plata. Destinada para un banquete de boda real. El mismísimo rey Herodes la solicitó. *(Después de una pausa, Juan se ríe).* ¿Por qué te ríes?

JUAN EL BAUTISTA: Nunca he ido a un banquete nupcial. Pero voy camino a uno.

SOLDADO: ¿Qué significa?

JUAN EL BAUTISTA: Ay, olvídalo. No lo entenderían.

SOLDADO CON EL SUJETAPAPELES *(alzando la vista de su papeleo de ejecución de prisioneros)*: ¿Son tus últimas palabras? *(Dice mientras escribe...).* No... lo... entenderían.

SOLDADO CON EL SUJETAPAPELES (CONT.) *(mientras el verdugo asume su posición)*: Juan, hijo de Zacarías y Elisabet de Judea, el día de hoy por orden de Herodes Antipas el tetrarca quedas sentenciado a muerte por decapitación.

(Para cuando se oye la palabra "decapitación", la voz se ha reducido a un murmullo imperceptible. La música sube de volumen y Juan ve algo en el collado, bajo los rayos dorados de la luz del amanecer en un pequeño claro: un cordero. Pastando. Mueve su oreja. He aquí...).

JUAN EL BAUTISTA *(sonriendo mientras susurra)*: Gracias...

"En lo cual vosotros os alegráis, aunque ahora por un poco de tiempo, si es necesario, tengáis que ser afligidos en diversas pruebas, para que sometida a prueba vuestra fe, mucho más preciosa que el oro, el cual aunque perecedero se prueba con fuego, sea hallada en alabanza, gloria y honra cuando sea manifestado Jesucristo, a quien amáis sin haberle visto, en quien creyendo, aunque ahora no lo veáis, os alegráis con gozo inefable y glorioso; obteniendo el fin de vuestra fe, que es la salvación de vuestras almas".

1 Pedro 1:6–9

Lección 2

La aflicción es superada por LA ALABANZA

INT. CASA DE MISIONES /ESTUDIO - MAÑANA

(Jesús se sienta sobre un tapete en el suelo de lo que antes fue la oficina de Mateo. Las ventanas están cubiertas de una tela oscura; la única luz proviene de unas pequeñas velas cercanas).

ANDRÉS: ¿Rabí? *(Jesús voltea, ve a Andrés en la puerta con aspecto desgastado; su camisa está rasgada. Andrés sostiene un vaso de agua y un plato de comida).*

ANDRÉS (CONT.) *(agachándose para dejar las provisiones en el suelo)*: Solo voy a dejar esto aquí.

JESÚS: Está bien. Por favor, ven. Siéntate aquí. Por favor. *(Andrés lo acompaña en el suelo).*

JESÚS (CONT.): ¿Cómo te has sentido?

ANDRÉS: Creo que no sé qué decir. Creí que me sentiría mucho peor. Y al parecer Simón también; pregunta cómo estoy cada cinco minutos.

JESÚS *(sonriendo)*: ¿Así como tú me preguntas a Mí?

ANDRÉS: Conociste a Juan más tiempo que nosotros. Pero, bueno, Tú eres...

JESÚS: ¿Qué soy?

"En lo cual vosotros os alegráis".

¿En ***qué*** nos alegramos?

El contexto importa. Siempre que haya frases como "Por tanto", "Así que", "Ahora pues", deberías investigar más para descubrir a qué se refiere. En este caso, Pedro se refiere a lo que acababa de describir: "... que según su grande misericordia nos hizo renacer para una esperanza viva, por la resurrección de Jesucristo de los muertos, para una herencia incorruptible, incontaminada e inmarcesible, reservada en los cielos para vosotros [...] ***En lo cual vosotros os alegráis...***". Nos alegramos en el renacer y en el premio que nos espera en el cielo.

ANDRÉS: Es que Tú...

JESÚS: Entonces ¿por qué preguntas cómo estoy?

ANDRÉS: Entiendo. Bueno, entonces solo... solo diré que eres un misterio.

JESÚS *(muerde un pedazo del pan y se sorprende por lo seco que está)*: ¡Qué cosa!

ANDRÉS: Sí, lo sé. Bastante rancio.

JESÚS: ¿Bastante? *(Sorbe un poco de agua para pasárselo y ambos hombres se ríen).* Sabe a los huesos de Eliseo.

(Los hombres ríen más fuerte).

ANDRÉS: ¿Está bien que riamos?

JESÚS: ¿Por qué no? A veces los momentos en los que más reímos suceden justo cuando hay un funeral. El corazón está muy sensible con todas las emociones justo en la superficie, la risa y el llanto más cerca que nunca. Y créeme, pasé varias *shiva* con Juan cuando éramos niños, y nunca se le dio eso de actuar con tristeza durante siete días. No era posible.

ANDRÉS: Me siento culpable. Debería estar destrozado.

JESÚS: No. No, Andrés. No existen reglas en la aflicción. No hay un modo de guardar luto. Ya pasaste por mucho dolor cuando arrestaron a Juan. Volver a caer en pedazos no honraría la memoria de Juan más que si no pudieras sentir nada. ¿Hmm?

Shiva:
un periodo de siete días de duelo formal para un difunto que comenzaba inmediatamente después del funeral; un ritual conocido como "sentar la *shiva*".

JESÚS (CONT.): Bueno... ¿Dices que soy un misterio?

ANDRÉS: Bueno, no... No me refiero a que Tú...

JESÚS: ¿Qué decía Juan sobre quién soy?

ANDRÉS: Juan, él decía... El Elegido.

(Jesús se LEVANTA y camina a la ventana. Escandalizando a Andrés, Jesús aparta la pesada cortina. La fuerte luz del día entra).

ANDRÉS (CONT.): ¿¡Qué estás haciendo!?

JESÚS *(volteando hacia Andrés)*: Me diste una idea. ¿Dónde es tradición observar la *shiva*?

ANDRÉS: En el hogar del difunto.

JESÚS: ¿Y cuál fue el hogar de Juan?

ANDRÉS: El campo abierto.

JESÚS: Trae a los otros.

Fe preciosa

Abarcar la gama: frase que significa experimentar o mostrar el rango completo de algo.

Pedro dijo que seríamos "afligidos en diversas pruebas". Eso es bastante amplio, pero tiene sentido: los problemas de la humanidad abarcan toda la gama —no tener suficiente dinero o ser responsable de la abundancia; cargar con el dolor de un ser amado o no sentirse amado por nadie; experimentar las consecuencias de nuestro pecado o ser víctimas del pecado de otros; tener deficiencias físicas, mentales o emocionales o el que nuestras habilidades pasen ignoradas, inutilizadas o despreciadas; una tragedia inesperada o las enfermedades crónicas que parecen robarnos años de vida. Hay demasiadas razones para estar afligidos. Pero, de algún modo, las pruebas purifican nuestra fe.

Para nerds bíblicos (como nosotros) que quieren saber

Es fácil para nosotros en el siglo XXI suponer que creer era más fácil para los seguidores de Jesús del primer siglo. Ellos lo podían ver, escuchar, y tocar. A veces se siente como si nuestro acceso a la evidencia de que Jesús fuera real estuviera limitado.

Pedro escribió consciente del beneficio que tuvo al ser un testigo ocular de Jesús sobre la tierra.

En su segunda carta a las iglesias en Asia Menor, hizo una referencia a su experiencia con Jacobo y Juan en el Monte de la Transfiguración, diciendo:

"Porque no os hemos dado a conocer el poder y la venida de nuestro Señor Jesucristo siguiendo fábulas artificiosas, sino como habiendo visto con nuestros propios ojos su majestad. Pues cuando él recibió de Dios Padre honra y gloria, le fue enviada desde la magnífica gloria una voz que decía: Este es mi Hijo amado, en el cual tengo complacencia. Y nosotros oímos esta voz enviada del cielo, cuando estábamos con él en el monte santo" (2 Pe. 1:16–18; véase también Mt. 17:1–8; Mc. 9:2–8; Lc. 9:28–36).

Y, así, Pedro felicita a sus lectores por creer sin la ventaja de conocer físicamente a Jesús.

"... a quien amáis sin haberle visto, en quien creyendo, aunque ahora no lo veáis, os alegráis con gozo inefable y glorioso" (1 Pe. 1:8–9).

Según Pedro, la fe en Jesús significa que creemos en Él por algo que aún no vemos. Significa que continuamente nos rendimos a Él, incluso cuando nuestras circunstancias están lejos de ser ideales. Significa que creemos en Él como proveedor, incluso cuando nuestra cuenta de banco esté vacía. Significa que permanecemos confiados en que las palabras de Dios son verdaderas, incluso cuando el mundo dice que no lo son. Significa que permanecemos firmes sabiendo que Él no nos fallará. Ni dejará. Ni olvidará.

Ese tipo de fe radical es purificada por las tribulaciones así como el oro es purificado por el fuego, lo cual es una metáfora apropiada pues el mundo va de camino al infierno. Parece que para seguirle el paso a Jesús necesitaremos el tipo de fe que también lo hace.

"Amados, no os sorprendáis del fuego de prueba que os ha sobrevenido, como si alguna cosa extraña os aconteciese, sino gozaos por cuanto sois participantes de los padecimientos de Cristo…".
1 Pedro 4:12–13 (NVI)

Tu turno

1. No solemos pensar en Jesús como "afligido en diversas pruebas", pero lo fue. ¿En qué tipo de pruebas te imaginas que se sintió afligido? ¿Cuáles pruebas en tu vida te afligen?

Prueba de fuego

"… los fundiré como se funde la plata, y los probaré como se prueba el oro. Él invocará mi nombre, y yo le oiré, y diré: Pueblo mío; y él dirá: Jehová es mi Dios".

Zacarías 13:9

El oro se encuentra en la mena y se extrae del suelo o se recolecta de depósitos aluviales en los lechos de los ríos. Inicialmente, apenas se distingue por todas sus impurezas. Hay que quitarle la arena y la tierra, y lo que queda se debe meter al fuego. Cuando el oro alcanza su punto de fusión (1,064°C), se vuelve líquido y el oro puro se separa de los metales impuros y contaminantes a los que estuvo inextricablemente ligado.

Ese es el proceso para el oro. También lo es para nosotros. Para separar nuestra fe de las impurezas a las que está vinculada, debe pasar por el fuego del Refinador.

Así que, ¿qué contamina nuestra fe? ¿Cuáles impurezas hay que eliminar? Sin duda hay mucho que señalar, pero se puede resumir en una palabra: incredulidad. No creemos por completo lo que la Biblia dice sobre la vida y la muerte, el bien y el mal, la verdad y la bondad, la felicidad y la integridad, el pecado y la salvación, o lo que realmente importa para la eternidad.

En otras palabras, lo que hay que quitar de nuestra fe es nuestra falta de fe. Así como cuando se purifica el oro, nuestro pecado se lava (gracias, Jesús) y lo que permanece se mete al fuego simbólico; significa que a veces Dios permite que nuestras circunstancias estén lejos de lo ideal para que no confiemos en ellas. Permite que nuestra cuenta de banco esté vacía para que más bien busquemos Su provisión. Permite que pasemos por retos para que, cuando Sus palabras resulten verdaderas, nuestra confianza en Él crezca.

Somos afligidos con diversas pruebas para que nuestra fe (más preciosa que el oro) nos lleve a la esperanza. Y de ahí a la alabanza.

Mena:
piedra natural o sedimento que suele contener metales que se puedan minar, tratar y vender con ganancia.

Depósito aluvial:
tierra floja, limo, arena o grava que ha sido llevada y colocada por una corriente de agua.

"He aquí te he purificado, y no como a plata; te he escogido en horno de aflicción".
Isaías 48:10

"El crisol para la plata, y la hornaza para el oro; pero Jehová prueba los corazones".
Proverbios 17:3

"¿Y quién podrá soportar el tiempo de su venida? ¿o quién podrá estar en pie cuando él se manifieste? Porque él es como fuego purificador, [...] Y se sentará para afinar y limpiar la plata; porque limpiará a los hijos de Leví, los afinará como a oro y como a plata, y traerán a Jehová ofrenda en justicia".
Malaquías 3:2–3

"Porque el ocuparse de la carne es muerte, pero el ocuparse del Espíritu es vida y paz".
Romanos 8:6

Tu turno

2. ¿De qué maneras las pruebas están probando la autenticidad de tu fe?

3. Lee los versículos al margen de esta página y la anterior. ¿Qué dice la Biblia sobre tus circunstancias actuales?

4. Lee Romanos 8:18 y Apocalipsis 21:1–7. En tus propias palabras, describe la naturaleza temporal de la aflicción y cómo no se compara con el resultado eterno de tu fe en Jesucristo.

"Así ha dicho Jehová: Haced juicio y justicia, y librad al oprimido de mano del opresor, y no engañéis ni robéis al extranjero, ni al huérfano ni a la viuda, ni derraméis sangre inocente en este lugar".
Jeremías 22:3

"Estas son las cosas que habéis de hacer: Hablad verdad cada cual con su prójimo; juzgad según la verdad y lo conducente a la paz en vuestras puertas. Y ninguno de vosotros piense mal en su corazón contra su prójimo, ni améis el juramento falso; porque todas estas son cosas que aborrezco, dice Jehová".
Zacarías 8:16–17

"Pero gran ganancia es la piedad acompañada de contentamiento; porque nada hemos traído a este mundo, y sin duda nada podremos sacar. Así que, teniendo sustento y abrigo, estemos contentos con esto. Porque los que quieren enriquecerse caen en tentación y lazo, y en muchas codicias necias y dañosas, que hunden a los hombres en destrucción y perdición; porque raíz de todos los males es el amor al dinero, el cual codiciando algunos, se extraviaron de la fe, y fueron traspasados de muchos dolores".
1 Timoteo 6:6–10

Para que

"En consecuencia, ya que hemos sido justificados mediante la fe, tenemos paz con Dios por medio de nuestro Señor Jesucristo. También por medio de él, y mediante la fe, tenemos acceso a esta gracia en la cual nos mantenemos firmes. Así que nos

regocijamos en la esperanza de alcanzar
la gloria de Dios. Y no solo en esto, sino
también en nuestros sufrimientos, porque
sabemos que el sufrimiento produce
perseverancia; la perseverancia, entereza de
carácter; la entereza de carácter, esperanza. Y
esta esperanza no nos defrauda, porque Dios
ha derramado su amor en nuestro corazón
por el Espíritu Santo que nos ha dado".
Romanos 5:1–5 (NVI)

El sufrimiento expone las cosas en las que ponemos nuestra esperanza por instinto, como la seguridad económica, la comodidad, otras personas, nuestras propias fuerzas, planes, salud y logros. Cuando estas cosas están en peligro (y nos damos cuenta de lo frágiles y vanas que en realidad son) solemos entrar en pánico. Pero también solemos orar.

A veces acudimos a Dios enojados. A veces acudimos a Él en llantos. A veces acudimos a Dios por pura desesperación. En cualquier caso, le hacemos preguntas difíciles como *"¿Por qué lo harías?"* y *"¿Cómo pudiste?"* porque sufrir parece automáticamente incluir mucha confusión, dolor, temor, duda e incluso críticas del carácter de Dios y de las cosas que Él permite.

Pero la verdad es que Dios ve más allá del momento en el que vivimos. Él conoce todas las formas en las que nuestra fe es deficiente, y cómo la incredulidad pone en riesgo nuestra capacidad de seguir. Conoce las cualidades de carácter que necesitamos fortalecer, y cuándo las necesitaremos. Conoce

"Porque nosotros también éramos en otro tiempo insensatos, rebeldes, extraviados, esclavos de concupiscencias y deleites diversos, viviendo en malicia y envidia, aborrecibles, y aborreciéndonos unos a otros. Pero cuando se manifestó la bondad de Dios nuestro Salvador, y su amor para con los hombres, nos salvó, no por obras de justicia que nosotros hubiéramos hecho, sino por su misericordia, por el lavamiento de la regeneración y por la renovación en el Espíritu Santo, el cual derramó en nosotros abundantemente por Jesucristo nuestro Salvador, para que justificados por su gracia, viniésemos a ser herederos conforme a la esperanza de la vida eterna".
Tito 3:3–7

"Pero cuantas cosas eran para mí ganancia, las he estimado como pérdida por amor de Cristo. Y ciertamente, aun estimo todas las cosas como pérdida por la excelencia del conocimiento de Cristo Jesús, mi Señor, por amor del cual lo he perdido todo, y lo tengo por basura, para ganar a Cristo, y ser hallado en él, no teniendo mi propia justicia, que es por la ley, sino la que es por la fe de Cristo, la justicia que es de Dios por la fe; a fin de conocerle, y el poder de su resurrección, y la participación de sus padecimientos, llegando a ser semejante a él en su muerte, si en alguna manera llegase a la resurrección de entre los muertos".
Filipenses 3:7–11

Perseverancia:
tu capacidad de confiar en Dios a lo largo de mucho tiempo y entre distintos grados de dificultad.

Entereza de carácter:
tu verdadera naturaleza que se está conformando a la imagen de Cristo (Rom. 8:29–30).

En otras palabras, estás siendo fundamentalmente transformado desde tu interior para pensar, responder y caminar como Jesús.

Esperanza:
tu expectativa confiada de que Dios cumplirá Sus promesas, en este mundo y en el venidero.

los planes que tiene para nosotros, de paz y no de calamidad, para darnos una esperanza y un futuro (Jer. 29:11 NVI).

Así, el fuego del Refinador, aunque doloroso y cargado de aflicción, es parte de un plan maestro para (a) hacernos más como Jesús y (b) llevarnos a una relación más cercana con Él, para que (c) conozcamos la esperanza a la que hemos sido llamados. Por ello, se permite el sufrimiento para que incremente la perseverancia; porque la perseverancia produce entereza de carácter, y la entereza de carácter produce esperanza.

Y la esperanza no nos defrauda ni nos avergüenza porque no es un deseo —¡es una anticipación de lo que seguramente vendrá y que ya está aquí! Podemos confiar en la provisión de Dios y Su constante presencia en la tierra porque Él se ha mostrado confiable una y otra vez (Mt. 7:7–11). Podemos confiar en nuestro futuro con Él en el cielo porque Jesús conquistó la muerte y subió al lugar que ahora prepara para quienes lo siguen (Jn. 14:2–6; Lc. 24:50–53). Y, cuando lo seguimos, todas las cosas obran para nuestro bien según Sus propósitos (Rom. 8:28); así que nada —ni aun la aflicción— nos puede arrebatar de Su mano (Jn. 10:27–29).

Tu turno

5. ¿Cómo sueles reaccionar ante Dios en tu aflicción?

6. Lee Salmos 34:18; 103:6–14, y 2 Pedro 3:9. ¿Cómo reacciona Dios ante *ti* y tu dolor, enojo, temor y confusión?

7. Describe la esperanza (no el mero deseo) que tienes en Jesús.

Alabanza desafiante

"Por esta causa doblo mis rodillas ante el Padre [...] para que habite Cristo por la fe en vuestros corazones, a fin de que, arraigados y cimentados en amor, seáis plenamente capaces de comprender con todos los santos cuál sea la anchura, la longitud, la profundidad y la altura, y de conocer el amor de Cristo, que excede a todo conocimiento, para que seáis llenos de toda la plenitud de Dios. Y a Aquel que es poderoso para hacer todas las cosas mucho más abundantemente de lo que pedimos o entendemos, según el poder que actúa en nosotros, a él sea gloria en la iglesia en Cristo Jesús por todas las edades, por los siglos de los siglos. Amén".

Efesios 3:14–21

En cuanto al sufrimiento y a la tristeza que reproduce, esto es lo que debes saber: el amor de Dios por ti, así como Su íntimo conocimiento de lo que estás experimentando, Su garantía de que te seguirá cuidando y desarrollando, Su promesa de una gloria futura donde las pruebas y tribulaciones cesarán, todo esto culmina en "alabanza, gloria y honra" para nuestro Señor Jesús (1 Pe. 1:7). Así, sin más. O al menos así será con el tiempo, porque no podemos evitar darle la alabanza, la gloria y la honra. Estamos programados para alabar al Salvador, a desafiar nuestras circunstancias con "gozo inefable y glorioso", porque sabemos que Aquel que permitió las cosas difíciles nos ama más de lo que comprendemos.

Cuando comenzamos a entender la grandeza de Su amor, nos volvemos más dispuestos a aceptar nuestras pruebas y aflicciones porque confiamos en Él.

Confiamos en Él.

Como dijo Simón Pedro, somos afligidos en diversas pruebas. Pero, a pesar de ellas, él se mantuvo firme porque sabía exactamente quién era Jesús —quién en realidad *es*—, y lo alabó: "Tú eres el Cristo, el Hijo del Dios viviente" (Mt. 16:13–20).

Ese tipo de fe radical —después de ser probada y purificada y hecha más preciosa que el oro— verdaderamente nos tendrá alabando desafiadamente hasta el cielo.

Tu turno

8. Vuelve a leer Efesios 3:14–21 y enumera algunas de las razones por las que la alabanza supera nuestra aflicción.

Enfoque de la oración

Alaba a Dios por Su fuego refinador y por amarte tanto como para hacerte más como Jesús. Agradécele por la paciencia y el perdón que extiende continuamente. Pídele fuerza y sabiduría para afrontar tus pruebas, y por una mayor conciencia de Su presencia y amor incondicional.

Propuesta de oración

Sostiene Jehová a todos los que caen, y levanta a todos los oprimidos. Los ojos de todos esperan en ti, y tú les das su comida a su tiempo. Abres tu mano, y colmas de bendición a todo ser viviente. Justo es Jehová en todos sus caminos, Y misericordioso en todas sus obras. Cercano está Jehová a todos los que le invocan, a todos los que le invocan de veras. Cumplirá el deseo de los que le temen; oirá asimismo el clamor de ellos, y los salvará. Jehová guarda a todos los que le aman, mas destruirá a todos los impíos. La alabanza de Jehová proclamará mi boca; y todos bendigan su santo nombre eternamente y para siempre.
Salmos 145:14–21

EXT. CESAREA DE FILIPO - LAS PUERTAS DEL HADES

(Jesús y los discípulos se detienen junto a una cueva oscura e imponente al lado de un monte del cual fluye agua —la fuente del Jordán. Jesús se voltea, mirando al grupo con una sonrisa amigable. Ellos están atónitos).

JESÚS: Acérquense.

SIMÓN: Rabí, este lugar...

ANDRÉS: Con respeto, Rabí, ¿por qué nos trajiste aquí? Es una abominación.

JESÚS: Qué palabra tan fuerte, Andrés.

FELIPE: Rabí... ¿Durante la *shiva*?

JESÚS: ¿Deberíamos evitar los lugares oscuros por miedo, o deberíamos llevarles la luz como Simón y Judas lo hicieron en su misión? ¿Creen que mi primo se asustaría con esta cueva? ¿Creen que se espantaría tanto por lo que sucede en el templo de allá que no soportaría estar en este lugar?

(Los discípulos se ven un poco avergonzados. Uno por uno, se resignan y se preparan para escuchar. Mateo saca su cuaderno).

En el antiguo Israel, Cesarea de Filipo era el centro religioso para la adoración a Baal, y eventualmente condujo a la adoración de ***muchos*** dioses falsos, incluso griegos. Durante generaciones, la región estuvo dominada por prácticas paganas y hechos indecibles de inmoralidad sexual. La ciudad misma se encontraba en la base de un acantilado donde brotaba agua. El agua fluía directamente de la boca de la cueva y hacia las profundas aguas al fondo. Debido a que las personas creían que las cuevas eran puertas al inframundo, esta en especial se llegó a conocer como "Las Puertas del Hades".

JESÚS (CONT.): Según la gente, ¿quién es el Hijo del Hombre?

(Los discípulos se miran entre sí. ¿Quién responderá primero?).

JUAN: Algunos dicen que es Elías, quien predica del arrepentimiento.

JESÚS: Hmm.

ANDRÉS: Otros dicen que Jeremías porque lo rechazaron los líderes de su tiempo.

SANTIAGO EL MAYOR: Y otros dicen que uno de los profetas, de los que hablaron en nombre de Dios.

(Una pausa expectante. Simón no se puede aguantar. Le habla a todo el grupo sin darse toda la vuelta...).

SIMÓN: Bueno, ¿y ahora qué hacemos? ¿Tirar los dados? Natanael, es tu momento. Sé tú mismo.

NATANAEL: Algunos dicen que Juan el Bautista.

FELIPE: Pero es evidente que no es cierto.

JESÚS: De acuerdo. Eso dicen los demás. Pero ¿quién creen ustedes que soy?

SIMÓN *(mirando fijamente a Jesús de frente, con determinación)*: ¿Tú? Eres el Cristo. El Hijo del Dios viviente. Estas estatuas talladas de Baal y Pan y otros ídolos que pasamos están muertos y en descomposición, pero nosotros alabamos a un Dios viviente y Tú... eres Su Hijo.

JESÚS *(sonriéndole a Simón, con lágrimas en los ojos)*: Bienaventurado seas, Simón, hijo de Jonás porque esto no te lo reveló ni carne ni sangre, sino Mi Padre en el cielo. Toda tu vida tu nombre ha sido Simón, "el que escucha", pero hoy te llamaré Pedro, "la roca". Y será sobre esta Roca que voy a construir Mi Iglesia, y las puertas del infierno no prevalecerán ante ella. Este es un lugar de muerte, y los traje para decirles que la muerte no tiene poder para mantener cautiva a la gente que Yo redima. Ya que yo vivo, ¡ustedes vivirán también!

"Los profetas que profetizaron de la
gracia destinada a vosotros, inquirieron
y diligentemente indagaron acerca de esta
salvación, escudriñando qué persona y qué tiempo
indicaba el Espíritu de Cristo que estaba en ellos, el cual
anunciaba de antemano los sufrimientos de Cristo, y las
glorias que vendrían tras ellos. A estos se les reveló que
no para sí mismos, sino para nosotros, administraban las
cosas que ahora os son anunciadas por los que os han
predicado el evangelio por el Espíritu Santo enviado del
cielo; cosas en las cuales anhelan mirar los ángeles".

1 Pedro 1:10–12

Lección 3

Las dudas son superadas por LA DETERMINACIÓN

EXT. PALACIO REAL. PATIO

(El rey David está postrado boca abajo sobre el suelo vestido con cilicio de pelo de cabra, frente al altar del incienso. Dos Ancianos de la Casa observan desde una plataforma encima del altar con un plato de comida y un vaso de agua).

ANCIANO 1 *(susurrando desesperado)*: Tiene que comer algo. ¡Morirá! Como si el dolor no fuera suficiente.

ANCIANO 2: Es arrepentimiento, por la manera en que el niño fue concebido.

ANCIANO 1: Tres días... Entiendo hasta cuatro, pero ¿seis? ¿Una persona puede vivir sin comer seis días?

ANCIANO 2: Si alguien puede, es él. Probablemente pasó más tiempo sin comer cuando huía de Saúl.

ANCIANO 1: ¡Era un adolescente! Si el rey de Israel muere de hambre bajo nuestro cuidado, nos van a ejecutar. Este régimen ha sacrificado a otros por menos. *(Dirigiéndose hacia el rey).* Vamos.

ANCIANO 2 *(tomando su brazo)*: Su Majestad, por favor. Tiene que comer algo.

DAVID: ¿El niño ya está bien?

ANCIANO 1: Aún no. Pero el doctor dice que está luchando, señor.

DAVID: Déjenme seguir orando.

ANCIANO 2: Betsabé lo necesita. El niño lo necesita.

DAVID: Dije que me dejen. Lo necesario es mi contrición.

(MAÑANA SIGUIENTE) INT. PALACIO REAL. CUARTO DE UN NIÑO

(Un doctor devastado toma un manto pequeño, lo coloca sobre una cuna con reverencia y cubre lo que hay en ella. Se vuelve hacia Betsabé, quien lo espera junto con sus siervas).

BETSABÉ: ¿Doctor?

DOCTOR: Falleció, su alteza.

EXT. PALACIO REAL. PATIO

(Se escucha un grito desde el palacio. David lo escucha... y se desanima. Lo consume la aflicción. Los Ancianos se miran entre sí con timidez).

ANCIANO 2: ¿Qué sería correcto decir?

ANCIANO 1: No, nada.

DAVID *(se recompone; pasa de la devastación a la determinación)*: Estoy listo.

Preguntas sin responder

La vida está llena de preguntas sin responder, aun para los fieles seguidores de Jesús. En verdad, ir a donde Jesús va y hacer lo que Él manda no nos otorga sabiduría automáticamente —lo cual tiene sentido si lo piensas bien. Después de todo, seguir no es guiar (obvio), por lo que no solemos saber a dónde nos dirigimos ni por qué suceden las cosas.

No tenemos el mapa.

No escribimos las reglas.

Y no hay nada nuevo bajo el sol; los profetas del Antiguo Testamento también tuvieron dudas, más que nada sobre cómo el Señor traería Su Salvación. Anhelaban el cambio. Querían alivio de sus circunstancias. Querían pasar de la era de promesas a la era de cumplimiento (1 Pe. 1:10–12).

Pero la labor de los profetas era anunciar la promesa de la salvación, la cual eventualmente llegaría mediante la vida, el sufrimiento y la resurrección de Jesús. Ellos tuvieron un papel que jugar en el plan mayor de Dios, y lo tuvieron que actuar a pesar de sus preguntas sin responder.

Por cierto, tú también.

Tu turno

1. Dios eligió a David para ser rey sobre Israel, y lo llamó un "varón conforme a mi corazón". Sin embargo, no hay nadie en la Biblia quien le hubiera hecho más preguntas a Dios que David —¡o sea que no hay nada de malo con preguntar! ¿Cuáles son algunas de tus preguntas sin responder?

"Quitado [Saúl], [Dios] les levantó por rey a David, de quien dio también testimonio diciendo: He hallado a David hijo de Isaí, varón conforme a mi corazón, quien hará todo lo que yo quiero. De la descendencia de este, y conforme a la promesa, Dios levantó a Jesús por Salvador a Israel".
Hechos 13:22–23

Para nerds bíblicos (como nosotros) que quieren saber

En general, la época del AT se piensa como una era de promesas, y la época del NT se considera el inicio de una era de cumplimientos. Esto se ve en algunas de las declaraciones de Jesús mismo registradas en el NT.

Por ejemplo, después de resucitar, Jesús le dijo a Sus seguidores "Estas son las palabras que os hablé, estando aún con vosotros: que era necesario que se cumpliese todo lo que está escrito de mí en la ley de Moisés, en los profetas y en los salmos. [...] Así está escrito, y así fue necesario que el Cristo padeciese, y resucitase de los muertos al tercer día; y que se predicase en su nombre el arrepentimiento y el perdón de pecados en todas las naciones, comenzando desde Jerusalén" (Lc. 24:44–47).

El apóstol Pablo reflexionó sobre lo mismo, al escribir "Porque primeramente os he enseñado lo que asimismo recibí: Que Cristo murió por nuestros pecados, conforme a las Escrituras; y que fue sepultado, y que resucitó al tercer día, conforme a las Escrituras" (1 Cor. 15:3–4).

En resumen, lo prometido en el AT comenzó a cumplirse en el NT.

Lo que Pedro dijo sobre los antiguos profetas que deseaban saber más de la venida de Cristo (1 Pe. 1:10–12) nos remite a cuando uno de ellos dijo "Y aconteció que mientras yo Daniel consideraba la visión y procuraba comprenderla..." (Dn. 8:15). Pero las palabras de Pedro suenan aún más como algo que Jesús dijo: "Porque de cierto os digo, que muchos profetas y justos desearon ver lo que veis, y no lo vieron; y oír lo que oís, y no lo oyeron" (Mt. 13:17; Lc. 10:24).

Así, el NT muestra el inicio del cumplimiento de las promesas del AT. Pero luego Pedro habla de la segunda venida de Jesús (1 Pe. 1:13) que seguimos esperando —una promesa que aún ha de cumplirse (véase un poco de lo que Jesús dijo en Jn. 14:1–3). Y tenemos una encomienda de Jesús mientras esperamos Su segunda venida (Mt. 28:18–20; Hch. 1:6–8), ¡por eso describimos a la era del NT como el *comienzo* del cumplimiento con más por venir!

Para nerds bíblicos (como nosotros) que quieren saber

David, el hijo menor de Isaí del pueblo de Belén, fue un pastorcillo con aptitud musical que sirvió al primer rey de Israel, Saúl (1 Sam. 16–17). Cuando Saúl se volvió desobediente a Dios, el Señor anunció que lo remplazaría "un varón conforme a [Su] corazón", quien resultó ser David (1 Sam. 13:13–14; Hch. 13:22). Finalmente, David reinó durante cuarenta años (ca. 1010–970 a. C.), y se le recuerda como el rey más querido de la historia de Israel. De hecho, al Mesías se le dice "el Hijo de David" con referencia a la promesa de Dios de poner a un descendiente de David en el trono celestial del pueblo de Dios (2 Sam. 7:12–16).

La transición de David a la realeza estuvo llena de dificultades, la primera de ellas fue que Saúl lo quería matar para no entregar el trono (1 Sam. 18–31; 2 Sam. 1–6). El reinado de David también tuvo sus propios problemas (2 Sam. 11–24). Algunas de las reflexiones de David sobre estos retos aparecen en los muchos cantos que ahora forman parte del himnario del antiguo Israel: el libro de los Salmos. Entre los diversos géneros de salmos (agradecimiento, sabiduría, realeza, etc.), el más grande son lamentos.

En los salmos de lamento, el salmista expresa sus emociones infelices (tristeza, temor, ira, confusión, preocupación, etc.) y clama a Dios para que intervenga. Cerca de su conclusión, la mayoría de los salmos de lamento giran a la esperanza, y expresan confianza en Dios o lo alaban.

Obligación

"'Porque mis pensamientos no
son los de ustedes ni sus caminos
son los míos', afirma el Señor. 'Mis
caminos y mis pensamientos son más
altos que los de ustedes; ¡más altos
que los cielos sobre la tierra!'".
Isaías 55:8–9 (NVI)

Tenemos muchas opiniones sobre cómo debe o no debe ser la vida. Cuando nuestras circunstancias se desvían de eso, fácilmente nos desilusionamos con Dios. Y no solo cuestionamos *por qué* las cosas salieron mal; tenemos muchas emociones que acompañan esas dudas. Por ejemplo, cuando hay pruebas, fácilmente nos podemos sentir olvidados por Dios. Cuando hay conflictos o pérdidas, quizás nos preguntemos si a Él realmente le importa nuestro dolor. Cuando nos sentimos cargados y estancados, quizás nos preguntemos si Él jamás se detendrá. Cuando las respuestas no llegan rápido, quizás pensemos que Él nos ha abandonado.

A lo largo de su vida, David también sintió todo esto, y en sus salmos de lamento no fingió comprenderlo todo. Al contrario, pronunció oraciones desgarradoras y sinceras en donde le hizo a Dios las preguntas difíciles.

Mi alma también está muy turbada;
Y tú, Jehová, ¿hasta cuándo?
Salmos 6:3

¿Por qué estás lejos, oh Jehová,
y te escondes en el tiempo de la tribulación?
Salmos 10:1

¿Hasta cuándo, Jehová? ¿Me olvidarás para siempre?
¿Hasta cuándo esconderás tu rostro de mí?
¿Hasta cuándo pondré consejos en mi alma,
con tristezas en mi corazón cada día?
¿Hasta cuándo será enaltecido mi enemigo sobre mí?
Salmos 13:1–2

Pues que tú eres el Dios de mi fortaleza, ¿por qué me has desechado?...
Salmos 43:2

Hay muchos más que solo estos, y hay mucho por aprender de cómo David oraba. Podríamos empezar con que Dios no necesita que nuestras oraciones sean "bonitas". No espera que hablemos con elocuencia, ni que seamos indiferentes o inquebrantables en nuestra fe, porque ya sabe exactamente qué estamos pensando y sintiendo (Sal. 139:1–2). Él se aflige cuando nos afligimos (Sal. 34:18). Tiene la cuenta de nuestras lágrimas (Sal. 56:8). Y quiere que desbordemos nuestros corazones en oración, así como David (Sal. 55:22), y que le confiemos nuestras dudas, preocupaciones e incertidumbres (Fil. 4:6–7).

Pero eso no quiere decir que Dios esté obligado a respondernos.

Vuelve a leer eso.

Dios no está obligado a respondernos.

Y David lo sabía; probablemente por eso se rehusó a quedarse atorado en el lamento. Más bien, intencionalmente cambiaba su enfoque del sufrimiento al carácter de Dios, recordándose una y otra vez de la bondad, paciencia, sabiduría, amor y poder salvador de Dios. Porque esperar las respuestas no cambia la naturaleza de Dios.

Entre preguntas sin responder, David predicó la verdad a su propio corazón alabando a Aquel que está por encima de todos y que conoce a todos y que entiende lo que nosotros no. Por eso los salmos siempre dan un giro.

Tu turno

2. ¿Qué piensas de las preguntas de David? ¿Te has preguntado algunas de las mismas?

3. Tómate un tiempo para leer Salmos 139:1–18, Isaías 46:8–11 y Romanos 11:33–36. A la luz de estos versículos, ¿qué significa que los pensamientos y caminos de Dios sean más altos que los tuyos?

4. Según Salmos 103:8–16, ¿cómo responde Dios a tus preguntas?

Pero Tú

> El rey David le rogó a Dios para que sanara a su hijo. Ayunó e imploró, y se afligió con tanta desesperación y constancia que sus siervos se preocuparon por su salud. Pero cuando el niño murió, David se levantó, se limpió y alabó al Señor. Cuando sus siervos pidieron que les explicara, expresó su gran determinación de confiar en Dios a pesar de sus dudas (2 Sam. 12:15–23).

"Dios mío, Dios mío, ¿por qué me has abandonado? ¿Por qué estás lejos para salvarme, tan lejos de mis gritos de angustia? Dios mío, clamo de día y no me respondes; clamo de noche y no hallo reposo. **Pero tú eres** santo y te sientas en tu trono; habitas en la alabanza de Israel. En ti confiaron nuestros antepasados; confiaron, y tú los libraste; a ti clamaron y tú los salvaste; se apoyaron en ti y no los defraudaste".

Salmos 22:1–5 (NVI)

David fue honesto con sus dudas, sentimientos, temores y arrepentimientos —pero no se quedó ahí porque sabía que, incluso sin respuestas inmediatas, (a) la presencia, (b) las promesas y (c) lo loable de Dios superarían sus dudas. Entonces, constantemente recurrió a lo que sabía que era verdad. Habló la verdad en voz alta. La lloró, la cantó, la defendió y se aferró de ella y la agitó como estandarte, por su bien y el de quienes lo veían.

Él decidió creer en lo que era verdad, y nosotros deberíamos hacer lo mismo.

La presencia de Dios. No importan nuestras circunstancias, Dios siempre está con Sus hijos. SIEMPRE. Como seguidores de Jesús, nunca estamos solos. Ni olvidados. Ni ignorados. Ni abandonados.

"El SEÑOR mismo marchará al frente de ti y estará contigo; nunca te dejará ni te abandonará. No temas ni te desanimes".

Deuteronomio 31:8 (NVI)

"Los ojos de Jehová están sobre los justos, y atentos sus oídos al clamor de ellos. [...] Claman los justos, y Jehová oye, y los libra de todas sus angustias. Cercano está Jehová a los quebrantados de corazón; y salva a los contritos de espíritu".

Salmos 34:15–18

"Dios es nuestro amparo y fortaleza, nuestro pronto auxilio en las tribulaciones".

Salmos 46:1

"Jehová es tu guardador; Jehová es tu sombra a tu mano derecha. El sol no te fatigará de día, ni la luna de noche. Jehová te guardará de todo mal; él guardará tu alma. Jehová guardará tu salida y tu entrada desde ahora y para siempre".

Salmos 121:5–8

Las promesas de Dios. No importa qué enfrentemos, la Biblia promete que al final lo superaremos, pues Jesús ya lo hizo. Y, mientras esperamos, Dios suplirá nuestras necesidades, nos otorgará sabiduría generosamente y renovará nuestra capacidad y fuerza para soportar.

"... los que esperan a Jehová tendrán nuevas fuerzas; levantarán alas como las águilas; correrán, y no se cansarán; caminarán, y no se fatigarán".

Isaías 40:31

"No os afanéis, pues, diciendo: ¿Qué comeremos, o qué beberemos, o qué vestiremos? Porque los gentiles buscan todas estas cosas; pero vuestro Padre celestial sabe que tenéis necesidad de todas estas cosas. Mas buscad primeramente el reino de Dios y su justicia, y todas estas cosas os serán añadidas".

Mateo 6:31–33

"Estas cosas [yo, Jesús] os he hablado para que en mí tengáis paz. En el mundo tendréis aflicción; pero confiad, yo he vencido al mundo".

Juan 16:33

"No os ha sobrevenido ninguna tentación que no sea humana; pero fiel es Dios, que no os dejará ser tentados más de lo que podéis resistir, sino que dará también juntamente con la tentación la salida, para que podáis soportar".
1 Corintios 10:13

"Y si alguno de vosotros tiene falta de sabiduría, pídala a Dios, el cual da a todos abundantemente y sin reproche, y le será dada".
Santiago 1:5

Lo loable de Dios. No importa cómo nos sintamos, Dios merece nuestra atención, devoción y alabanza. Pero con demasiada frecuencia pensamos en nosotros mismos —lo que otros tienen que nosotros no, lo que necesitamos y "merecemos", cómo lograr nuestras metas terrenales, cómo lograr un nivel mayor de satisfacción. Mientras tanto, el Único que realmente merece cualquier cosa espera pacientemente a que volvamos nuestra atención *de* nosotros *hacia* Él.

"Porque mejor es tu misericordia que la vida; mis labios te alabarán. Así te bendeciré en mi vida; en tu nombre alzaré mis manos".
Salmos 63:3–4

"Grande es Jehová, y digno de suprema alabanza; y su grandeza es inescrutable".
Salmos 145:3

"Por lo demás, hermanos, todo lo que es verdadero, todo lo honesto, todo lo justo, todo lo puro, todo lo amable, todo lo que es de buen nombre; si hay virtud alguna, si algo digno de alabanza, en esto pensad".
Filipenses 4:8

"[Jesús], siendo el resplandor de su gloria, y la imagen misma de su sustancia, y quien sustenta todas las cosas con la palabra de su poder, habiendo efectuado la purificación de nuestros pecados por medio de sí mismo, se sentó a la diestra de la Majestad en las alturas, hecho tanto superior a los ángeles cuanto heredó más excelente nombre que ellos".

Hebreos 1:3–4

Tu turno

5. ¿La presencia de Dios cómo supera tus preguntas sin responder?

Vuelve a leer tu respuesta a la pregunta #1. ¿De qué manera los versículos anteriores (o cualquier otro de la Biblia, por cierto) abordan tus preguntas sin responder? Por ejemplo, ¿quieres saber si o cuándo sanarás? Medita en el salmo 34:18. ¿Quieres saber de dónde sacarás para pagar la hipoteca de este mes? Medita en Mateo 6:31–33. ¿Quieres saber cuándo experimentarás los frutos de tu dura y ardua labor? Medita en el salmo 63:3–4.

6. ¿Las promesas de Dios cómo superan tus preguntas sin responder?

7. ¿Lo loable de Dios cómo supera tus preguntas sin responder?

Las palabras correctas

"Y de igual manera el Espíritu nos ayuda en nuestra debilidad; pues qué hemos de pedir como conviene, no lo sabemos, pero el Espíritu mismo intercede por nosotros con gemidos indecibles. Mas el que escudriña los corazones sabe cuál es la intención del Espíritu, porque conforme a la voluntad de Dios intercede por los santos. Y sabemos que a los que aman a Dios, todas las cosas les ayudan a bien, esto es, a los que conforme a su propósito son llamados".

Romanos 8:26–28

La verdad es que nuestra falta de entendimiento y sabiduría nos puede llevar a plantear preguntas equivocadas. Pero, aun así, Dios obra a nuestro favor. Según el libro de Romanos en el NT, el Espíritu Santo —una de las tres personas de la Trinidad— sabe *exactamente* qué decir e intercede por nosotros. Esto significa que llena el espacio entre nosotros y lo desconocido. Usa Su conocimiento de la voluntad de Dios y de nuestros corazones para interceder por nosotros. Se enfoca en glorificar a Jesús y en hacernos más como Él (Jn. 14:26), mientras mantiene nuestro nombre y circunstancias únicas siempre ante el trono de Dios.

Tal conocimiento debería incrementar nuestra determinación para confiar, incluso cuando nuestras preguntas se quedan sin respuesta. Como los profetas que vinieron antes de nosotros —quienes permanecieron firmes y fieles por su bien *y* el nuestro—, podemos decidir creer que Dios cumplirá Su plan perfecto en Su tiempo perfecto.

Para nerds bíblicos (como nosotros) que quieren saber

Trinidad = el estado de ser tres.

"Dios es una Trinidad, Padre, Hijo y Espíritu Santo, cada uno una persona no creada, unidos en esencia, iguales en poder y en gloria" (Sociedad Evangélica Teológica).

Algunas analogías comunes son un huevo, que tiene tres partes distintas (cáscara, clara, yema) pero sigue siendo un huevo, o una manzana, que tiene tres partes distintas (piel, carne, corazón) pero sigue siendo una manzana.

Claro, todas las analogías fallan inevitablemente, y Dios no es un huevo ni una manzana. Obvio.

Cada miembro de la Trinidad no es una "parte" de Dios; cada uno es plenamente Dios. Así, aunque la definamos en los mejores términos humanos posibles, la Trinidad es un concepto que no comprenderemos plenamente hasta que lleguemos al cielo.

Tu turno

8. Medita en el hecho de que el Espíritu Santo intercede por *ti*. ¿Cómo es que saberlo cambia la forma en que esperas que Dios responda tus preguntas o cambie tus circunstancias?

Propuesta de oración

¿Hasta cuándo, Jehová? ¿Me olvidarás para siempre? ¿Hasta cuándo esconderás Tu rostro de mí? ¿Hasta cuándo pondré consejos en mi alma, con tristezas en mi corazón cada día? ¿Hasta cuándo será enaltecido mi enemigo sobre mí? Mira, respóndeme, oh Jehová Dios mío; alumbra mis ojos, para que no duerma de muerte; para que no diga mi enemigo: Lo vencí. Mis enemigos se alegrarían, si yo resbalara. Mas yo en tu misericordia he confiado; mi corazón se alegrará en tu salvación. Cantaré a Jehová, porque me ha hecho bien.

Salmos 13

¡El giro!

Enfoque de la oración

Alaba a Dios por Su grandeza, Su amor constante, Su poder de sostener el universo mismo, y porque Él ora por ti. Exprésale tus dudas —sé honesto, vulnerable y expectante. Pídele fuerza y fe para confiar en Él mientras esperas las respuestas, pero también reconoce que Su sabiduría y Sus caminos siempre están muy por encima de los tuyos.

INT. PALACIO REAL. HABITACIÓN PRIVADA

(David se viste mientras Betsabé se sienta cerca).

BETSABÉ: ¿Qué caso tiene arreglarnos para una cena que no comeré? ¿Cómo puedes comer en un momento así?

DAVID: Mientras el niño seguía vivo, ayuné y lloré.

BETSABÉ: Como deberías hacerlo ahora.

DAVID: ¿Eso haría que vuelva a la vida? Le supliqué a Dios que tuviera compasión de nosotros, que lo dejara vivir… No respondió a mis oraciones.

BETSABÉ: ¿Por qué no? ¿Por qué responde unas y no otras?

DAVID: No lo sé. Nunca lo he sabido.

BETSABÉ: Y aun así lo alabas.

DAVID: Así es. En el dolor, la alegría, y el dolor otra vez. Ese es el significado de la fe.

BETSABÉ: ¡Eso no va a revivir a nuestro hijo!

DAVID: No, lo sé. Pero tarde o temprano ambos tendremos el mismo fin. No volverá a nosotros; nosotros iremos a él.

BETSABÉ *(comenzando a sentirse consolada de algún modo)*: La separación es solo por ahora. Es temporal.

DAVID: Es temporal. Podría pasar mucho tiempo, o podría ser mañana. Así es con todas las cosas.

"Por tanto, ceñid los lomos de vuestro entendimiento, sed sobrios, y esperad por completo en la gracia que se os traerá cuando Jesucristo sea manifestado; como hijos obedientes, no os conforméis a los deseos que antes teníais estando en vuestra ignorancia; sino, como aquel que os llamó es santo, sed también vosotros santos en toda vuestra manera de vivir; porque escrito está: Sed santos, porque yo soy santo".

1 Pedro 1:13–16

Lección 4

La confusión es superada por LA GRACIA

CAMINO A TEL DOR

(Cámara lenta. Jesús va delante, seguido de lejos por Tomás y Pedro que caminan junto a la carretilla con el cuerpo de Ramah envuelto en lino y especias en una caja bajo un manto pesado. Un burro guiado por Simón Z jala la carretilla. Los demás discípulos, Tamar y María Magdalena, y Barnaby y Shula van más atrás. Nos enfocamos en Simón).

FLASHBACK A LOS LÍMITES DE CAPERNAÚM

(Poco después del asesinato. Los discípulos y las mujeres están dispersos, en estado de shock y consolándose mutuamente. María Magdalena y Tamar están sentadas, con caras desesperanzadas. Pedro mira a todos; se pregunta qué hacer. Observa cómo Tomás se pasea, quebrantado y en shock. Jesús se acerca a él. Una pausa, y luego...).

PEDRO: Quiero hacer algo. Quisiera ayudarlo.

JESÚS: Sabes que el duelo no funciona así.

PEDRO: Estoy fallando.

JESÚS: ¿Fallando en qué? Esto no es una prueba.

PEDRO: Fallando... en ser...

JESÚS: ¿Qué cosa?

PEDRO *(apenado)*: Quien debería ser ahora. ¿Cómo puedo ser la roca de alguien en un momento como este?

JESÚS: Tomás no necesita que seas una roca ahora.

PEDRO: Necesita una base firme para seguir. Es como si hubiera perdido todo el apoyo.

JESÚS: Así es en toda la tierra. Por ahora.

PEDRO: ¿¿La muerte??

JESÚS: Conoces la verdad.

PEDRO: ¡No puedo decirle que así son las cosas y ya!

JESÚS: Entonces tal vez no digas nada. ¿Te habría ayudado que Tomás te dijera algo cuando sucedió lo de Edén y el bebé? *(Esto le da una claridad sobria a Pedro. Niega con la cabeza).*

JESÚS (CONT.): También has vivido la muerte. Eso te hace más capaz de acercarte y simplemente acompañarlo, en lugar de ser una roca.

(Pedro se aguanta un momento, y luego camina hacia Tomás. Mientras se acerca, Tomás sigue caminando desenfrenado).

TOMÁS: ¿Cómo pasó? Ni siquiera sé cómo pasó.

PEDRO: Lo siento mucho.

TOMÁS *(hiperventilando)*: Ya no está, ¡no está! Murió.

PEDRO: Lo sé. Esto es... Intenta respirar.

TOMÁS: No puedo. No puedo respirar. Voy a vomitar.

PEDRO *(acercándose a Tomás)*: Acuéstate.

(Tomás se cae de espaldas sobre el pasto. Pedro pone su mano sobre el hombro de Tomás).

PEDRO (CONT.): ¿Cómo te ayudo?

(Tomás niega con la cabeza, pero toma la mano de Pedro).

La ignorancia no es una bendición

Cuando se trata de seguir a Jesús y de las pruebas que conlleva, fácilmente nos podemos encontrar en un torbellino de confusión. Y la confusión no es solo la falta de información o el conflicto entre las expectativas y la realidad; la confusión en realidad tiene el potencial de convertirse en decepción profunda. Nos desequilibra. Nos hace sentir estancados. Se roba nuestra alegría. Debilita nuestra confianza.

Amenaza nuestra fe.

La confusión puede, de hecho, ser paralizante porque, cuando el suelo bajo nuestros pies se mueve, nuestro instinto es protegernos, agacharnos, retraernos de Dios y a veces de los demás. Lo que significa que la confusión puede hacer que perdamos valentía y sabiduría para compartir el Evangelio, porque es más difícil animar a la gente a nuestro alrededor si tenemos incertidumbre.

Pero, como hablamos en la lección anterior, somos parte de algo más grande que Dios está haciendo. Y, así como los creyentes que nos precedieron, podemos decidir permanecer.

Para nerds bíblicos (como nosotros) que quieren saber

Para los primeros discípulos, la confusión era un gaje del oficio, especialmente cuando Jesús les habló de Su inminente partida y del sufrimiento que pasaría a manos de las autoridades judías. Dijo:

1. "... Es necesario que el Hijo del Hombre padezca muchas cosas, y sea desechado por los ancianos, por los principales sacerdotes y por los escribas, y que sea muerto, y resucite al tercer día" (Lc. 9:22; véase también Mt. 16:21–23; Mc. 8:31–33).

2. "Haced que os penetren bien en los oídos estas palabras; porque acontecerá que el Hijo del Hombre será entregado en manos de hombres" (Lc. 9:44; véase también Mt. 17:22–23; Mc. 9:30–32).

3. "Tomando Jesús a los doce, les dijo: He aquí subimos a Jerusalén, y se cumplirán todas las cosas escritas por los profetas acerca del Hijo del Hombre. Pues será entregado a los gentiles, y será escarnecido, y afrentado, y escupido. Y después que le hayan azotado, le matarán; mas al tercer día resucitará" (Lc. 18:31–33; véase también Mt. 20:17–19; Mc. 10:32–34).

Al leer estas cosas hoy en día, todo tiene sentido; conocemos la historia completa. Pero para los seguidores del primer siglo, especialmente los que anhelaban ser salvados de Roma, las palabras de Jesús no sonaban como predicciones de éxito. Los israelitas querían ser rescatados *de* sus opresores, no entregados a ellos. Y, aun cuando Jesús prometió que después de haber sufrido "al tercer día resucitará", ¿eso qué significaba? Nadie jamás había hecho semejante cosa.

Era demasiado para que los discípulos lo comprendieran, y dos veces en su Evangelio Lucas explicó su confusión: "Mas ellos no entendían estas palabras, pues les estaban veladas para que no las entendiesen; y temían preguntarle sobre esas palabras" (Lc. 9:45) y "Pero ellos nada comprendieron de estas cosas, y esta palabra les era encubierta, y no entendían lo que se les decía" (Lc. 18:34).

Podemos fijar la mirada en el carácter de Dios y Sus promesas. Podemos elegir alabarle por quién es Él en lugar de por cómo nos sentimos.

Podemos poner nuestra esperanza en la gracia.

Confusión: el estado de sentirse perplejo, incierto, conflictuado; tener pensamientos desordenados o revueltos.

Tu turno

1. Sin duda los primeros discípulos de Jesús pasaron mucho de su tiempo sintiéndose confundidos e incluso decepcionados por las cosas que Jesús decía y hacía. O *no* hacía. Pero ¿cómo diferenciamos la confusión de la decepción? ¿Cómo es que la confusión puede a veces *conducir* a la decepción?

Aguijones y demás

"Y para que la grandeza de las revelaciones no me exaltase desmedidamente, me fue dado un aguijón en mi carne, un mensajero de Satanás que me abofetee, para que no me enaltezca sobremanera; respecto a lo cual tres veces he rogado al Señor, que lo quite de mí. Y me ha dicho: **Bástate mi gracia; porque mi poder se perfecciona en la debilidad.** Por tanto, de buena gana me gloriaré más bien en mis debilidades, para que repose sobre mí el poder de Cristo. Por lo cual, por amor a Cristo me gozo en las debilidades, en afrentas, en necesidades, en persecuciones, en angustias; porque cuando soy débil, entonces soy fuerte".

2 Corintios 12:7–10

A lo largo de su ministerio, Pablo (el autor de 2 Corintios, así como una docena de otros libros del Nuevo Testamento) luchó con algo tan difícil que lo consideró un "mensajero de Satanás". Quizás se refería en verdad a un demonio. Quizás a una condición física. Quizás a un pensamiento, una emoción o una memoria que no se podía sacar de la cabeza. Quizás a una combinación de todo lo anterior.

Ha habido un sin fin de especulaciones sobre el aguijón de Pablo. Pero saber los detalles particulares no es lo que importa. Lo que importa es que Pablo respondió ante su confusión y frustración profundizando en la gracia de Dios.

A veces pensamos que "gracia" significa que Dios nos dará todo lo que anhelamos. Pero claramente en el caso de Pablo, significó lo opuesto. De hecho, las dificultades que enfrentó fueron el catalizador de la gracia de Dios en su vida, y la fuente de donde fluyó perpetuamente —de Dios a Pablo, y luego de Pablo a los demás.

En la superficie, parece extraño que el poder de Dios se perfeccione en la debilidad; en las dificultades, en el sufrimiento, en la confusión. Pero pensándolo bien tiene sentido, porque todas esas cosas ayudan a que nos hagamos de lado. Es decir, cuando estamos débiles, no podemos suplir nuestras propias necesidades, mucho menos las de otros. Y nuestra necesidad nos obliga a mirar

"Se perfecciona" = "Mi gracia es todo lo que necesitas" = "Mi poder cumple su propósito cuando Mi pueblo depende plenamente de Mí".

Para nerds bíblicos (como nosotros) que quieren saber

El importante líder cristiano del primer siglo conocido principalmente por su nombre romano, Pablo (antes conocido por su nombre judío, Saulo), fue un judío y ciudadano romano de Tarso, la capital de la provincia romana de Cilicia (una región en la actual Turquía). Fue un fariseo educado en Jerusalén por Gamaliel (Hch. 22:3; 23:6; 26:4–5; Fil. 3:5), y estuvo apasionadamente en contra del cristianismo —tanto que estuvo a favor de cazar y castigar a los seguidores de Jesús (Hch. 8:3; 9:1–3; 22:4–5; Gal. 1:13–14; Fil. 3:6).

Pero todo eso cambió cuando conoció al Jesucristo resucitado en el camino a Damasco (Hch. 9:1–22; cf. Hch. 22:1–21; 26:1–32). El viejo oponente de la fe cristiana se volvió un representante apasionado del Evangelio, y viajó por todo el antiguo mundo predicando al Jesús resucitado y estableciendo iglesias (Hch. 13–21). Escribió trece cartas que se han preservado como Escritura inspirada entre los demás documentos del Nuevo Testamento.

El viejo perseguidor de cristianos terminó por ser él mismo perseguido por su fe en Cristo (Hch. 21–28), y, aunque el Nuevo Testamento no registra cuándo ni cómo murió Pablo, la tradición de la iglesia primitiva registra que fue decapitado en Roma por orden del emperador Nerón (ca. 64–68 d. C.).

a Aquel que sí suple necesidades. Entonces la confusión es una oportunidad para mirar hacia Dios, ver lo que está haciendo, lo que hará y lo que asegura que vendrá.

Tu turno

2. Describe por qué Pablo podría sentirse confundido por sus circunstancias, pero cómo fue capaz a la vez de gloriarse en su debilidad.

3. ¿Qué cosas en tu vida te confunden actualmente?

4. Aunque la confusión tenga el potencial de desequilibrarnos, según 2 Corintios 9:8, ¿de qué podemos tener certeza?

Estado de gracia

"Y poderoso es Dios para hacer que abunde en vosotros
toda gracia, a fin de que, teniendo siempre en todas las cosas
todo lo suficiente, abundéis para toda buena obra".

2 Corintios 9:8

Dios es bondadoso y lleno de gracia. Es esencial a Su ser, por lo que Su gracia hacia nosotros no fluctúa. Su disponibilidad no es esporádica ni condicional. Al contrario, Dios es amor (1 Jn. 4:8) y extiende Su gracia constantemente, incluso cuando no la reconozcamos. Ya sea por la muerte, la resurrección y el regalo de la salvación liberadora de Cristo, o por la convicción del pecado para llamar nuestra atención, o por el empoderamiento constante de los santos para vivir y actuar conforme a su llamado, Dios extiende su gracia siempre y para siempre a pesar de cualquier confusión o duda con la que puedas luchar.

Más que eso, hace que "abunde en vosotros toda gracia".

Piensa en eso: **Dios no te priva de ninguna cosa buena.** Quizás no alivie tu sufrimiento cuando quieras que lo haga. Por razones que solo sabe Aquel que es sabio en todo y que lo sabe todo, quizás no responda tus preguntas o quite tu confusión de inmediato. Pero provee toda cosa buena que necesitas, en cada momento de tu necesidad, para que abundes en toda buena obra que Él ha planificado amorosamente para ti desde el principio de los tiempos.

Al poner tu esperanza en esa extraordinaria gracia (1 Pe. 1:13), permites que Dios obre en y a través de ti para cambiar tus pensamientos y comportamiento. Así, enfocarse en la **gracia *conduce* a una vida sobria y obediente.** Te prepara para la acción, para ser utilizado por Aquel que trabaja para hacer crecer Su reino celestial hasta que Cristo regrese (Mt. 16:18–19; 24:42–44). Y permite que experimentes la confusión sin que te desvíe, porque la gracia y la bondad de Dios hacia ti son un estandarte de amor sobre todo lo demás (Ef. 3:17–19).

En efecto, Su gracia gloriosa supera nuestra confusión temporal. Ni se comparan.

Santo:
una persona que ha sido perdonada y limpiada por Jesús, y por ende apartada para los propósitos especiales de Dios.

"Misericordioso y clemente es Jehová; lento para la ira, y grande en misericordia".
Salmos 103:8

"Mi Dios, pues, suplirá todo lo que os falta conforme a sus riquezas en gloria en Cristo Jesús".
Filipenses 4:19

"... vuestro Padre sabe de qué cosas tenéis necesidad, antes que vosotros le pidáis".
Mateo 6:8

"Porque yo sé los pensamientos que tengo acerca de vosotros, dice Jehová, pensamientos de paz, y no de mal, para daros el fin que esperáis".
Jeremías 29:11

Tu turno

5. Describe la gracia de Dios en tus propias palabras.

6. ¿Qué significa tener "siempre en todas las cosas todo lo suficiente" (2 Cor. 9:8) para ti y para cualquier confusión con la que actualmente puedas estar luchando?

7. ¿Cómo cambia tu perspectiva con respecto a tus circuntancias el poner tu esperanza en esa gracia?

Perfeccionado, no perfecto

"Porque los que son de la carne piensan en las cosas de la carne; pero los que son del Espíritu, en las cosas del Espíritu. Porque el ocuparse de la carne es muerte, pero el ocuparse del Espíritu es vida y paz".

Romanos 8:5–6

Pedro nos exhortó a no conformarnos a los deseos que teníamos "en [nuestra] ignorancia; sino, como aquel que os llamó es santo, sed también vosotros santos en toda vuestra manera de vivir; porque escrito está: Sed santos, porque yo soy santo" (1 Pe. 1:14–16).

Y... ¿Ahora qué? Una cosa es fijar nuestras mentes en la gracia de Dios y en la confiada expectativa de que Jesús regresará y terminará con nuestra confusión y nuestro sufrimiento. Pero ¿ser perfectos como Dios es perfecto? Eso es un estándar imposiblemente alto, *incluso confuso.*

(¿Viste lo que hicimos?).

Pero Pedro no estaba diciendo que podríamos llegar a la perfección en la tierra (¡la vida de Simón Pedro como aparece en el Nuevo Testamento lo deja en claro!). Él nos exhortó a enfocarnos en la gracia de Dios hacia nosotros en Jesús, el Único que ha vivido perfectamente santo (1 Pe. 2:22; 1 Jn. 3:5). Y mediante esa gracia (a) se nos aplica la justicia de Jesús y (b) se nos da el Espíritu Santo, que nos transforma, lo cual (c) culminará en la segunda venida de Jesús.

Así que, por ahora, fijamos nuestras mentes en las cosas del Espíritu. Al hacerlo nos preparamos para la acción y permanecemos sobrios, con la mirada puesta en la gracia que seguramente será derramada y completada al regreso de Jesucristo.

Y nuestra confusión disminuye mucho bajo la sombra de la gracia sobreabundante de Dios.

> "Por tanto, teniendo un gran sumo sacerdote que traspasó los cielos, Jesús el Hijo de Dios, retengamos nuestra profesión. Porque no tenemos un sumo sacerdote que no pueda compadecerse de nuestras debilidades, sino uno que fue tentado en todo según nuestra semejanza, pero sin pecado. Acerquémonos, pues, confiadamente al trono de la gracia, para alcanzar misericordia y hallar gracia para el oportuno socorro".
> Hebreos 4:14–16

Tu turno

8. ¿Cómo es que pensar en las cosas del Espíritu supera tu confusión, y te trae vida y paz?

Enfoque de la oración

Propuesta de oración

Inclina, oh Jehová, tu oído, y escúchame, porque estoy afligido y menesteroso. Guarda mi alma, porque soy piadoso; salva tú, oh Dios mío, a tu siervo que en ti confía. Ten misericordia de mí, oh Jehová; porque a ti clamo todo el día. Alegra el alma de tu siervo, porque a ti, oh Señor, levanto mi alma. Porque tú, Señor, eres bueno y perdonador, y grande en misericordia para con todos los que te invocan. Escucha, oh Jehová, mi oración, y está atento a la voz de mis ruegos. En el día de mi angustia te llamaré, porque tú me respondes. Oh Señor, ninguno hay como tú entre los dioses, ni obras que igualen tus obras. Todas las naciones que hiciste vendrán y adorarán delante de ti, Señor, y glorificarán tu nombre. Porque tú eres grande, y hacedor de maravillas; solo tú eres Dios. Enséñame, oh Jehová, tu camino; caminaré yo en tu verdad; afirma mi corazón para que tema tu nombre. Te alabaré, oh Jehová Dios mío, con todo mi corazón, y glorificaré tu nombre para siempre.

Salmos 86:1–12

Alaba a Dios por Su gracia que ha logrado la salvación, que convence a los pecadores del pecado y que constante e incondicionalmente fluye en y mediante Sus seguidores. Agradécele por ser paciente contigo. Cuéntale qué cosas aún te confunden y pídele que provea la cantidad adecuada de entendimiento a Su tiempo perfecto. Ora por la fortaleza y la determinación que necesitarás para fijar tu esperanza por completo en la gracia que se te dará en la revelación de Jesucristo.

CASA DE PEDRO - NOCHE

JUAN: Alguien debería estar con Tomás.

PEDRO: No, necesita estar solo.

JUAN: ¿Cómo estás seguro?

PEDRO: Créeme.

SANTIAGO EL MAYOR: Lo que estoy a punto de decir, solo puedo decirlo frente a ustedes. Me ha dado vueltas en la cabeza todo el día.

PEDRO: Cuidado, Santiago.

SANTIAGO EL MAYOR: ¿¿Por qué Jesús no hizo lo mismo que con la hija de Jairo??

JUAN *(irrumpiendo en un susurro intenso)*: ¡¡Es lo mismo que estaba pensando!! Una sola palabra de Él y no estaríamos así.

PEDRO: Muchachos, juramos nunca hablar de lo que vimos en esa casa.

SANTIAGO EL MAYOR: Con nadie más. Nosotros sabemos lo que hizo.

PEDRO: Entiendo por qué lo piensas y... tengo las mismas dudas respecto a lo que le pasó a Edén. ¿Por qué Jesús no intervino?... Resentía Sus milagros hacia otros.

JUAN: Me parece una respuesta razonable.

PEDRO: Solo recuerden lo que dijo Isaías: "Mis pensamientos no son los de ustedes, ni Mis caminos son los suyos, dijo el Señor".

PEDRO Y JUAN: "Mis caminos y pensamientos son más altos que los suyos...

PEDRO, SANTIAGO, Y JUAN: ...más altos que los cielos sobre la tierra".

SANTIAGO EL MAYOR: Eso no facilita las cosas.

PEDRO: Jesús tenía una razón para permitir lo que le pasó a Edén que no entendí en ese momento. Yo... puede que nunca lo comprenda en esta vida. Pero sí sé que por eso lo busqué con ansias.

JUAN: Oigan, Tomás no estuvo en la casa de Jairo. Ni siquiera sabe con certeza que Jesús *puede* resucitar a alguien que haya muerto.

SANTIAGO EL MAYOR: Pero tiene fe en que Jesús puede hacerlo todo, y ¿por qué no lo haría? ¿La hija de Jairo era más importante que Ramah?

JUAN: ¿¿O que tu bebé no nacido??

PEDRO: ¡Ya basta! Le dijimos a Jesús que sería un secreto, y ahora más que nunca queda claro que Tomás jamás se tiene que enterar.

JUAN: ¿Y si Jesús lo hace otra vez, pero por alguien más?

SANTIAGO EL MAYOR: Eso destruiría a Tomás.

PEDRO: Sí, hay que tomarlo un día a la vez, ¿de acuerdo? Además, somos Sus estudiantes, no Sus iguales.

JUAN: Nunca dije que fuéramos iguales...

PEDRO: Me refiero a que si no tenemos una respuesta dejemos que Jesús hable por Sí mismo. Ustedes lo anotarán, Mateo lo va a anotar, y con el tiempo se revelará la sabiduría oculta en estos misterios. Pero yo confío en el Dios que camina sobre el agua.

"Y si invocáis por
Padre a aquel que sin acepción
de personas juzga según la obra de
cada uno, conducíos en temor todo el tiempo
de vuestra peregrinación; sabiendo que fuisteis
rescatados de vuestra vana manera de vivir, la cual
recibisteis de vuestros padres, no con cosas corruptibles,
como oro o plata, sino con la sangre preciosa de Cristo,
como de un cordero sin mancha y sin contaminación, ya
destinado desde antes de la fundación del mundo, pero
manifestado en los postreros tiempos por amor de
vosotros, y mediante el cual creéis en Dios, quien le
resucitó de los muertos y le ha dado gloria, para
que vuestra fe y esperanza sean en Dios".

1 Pedro 1:17–21

Lección 5

Las cosas temporales son superadas por LAS COSAS ETERNAS

CAMINO A BETANIA - MAÑANA

(Los discípulos caminan hacia Betania. Al llegar a una bifurcación, el grupo ve a ocho legionarios romanos y a su líder, un decurión, que se acercan al cruce).

DECURIÓN: ¡Alto! ¡Ciudadanos judíos!

JESÚS *(anticipando la reacción de Santiago el Mayor)*: Todos conserven la calma.

DECURIÓN: Suelten las armas y tiren sus cosas. Ahora van a cargar las nuestras.

MATEO: Bajo la ley romana, un soldado puede obligar a un judío a cargar sus cosas.

TAMAR: ¿De la nada?

MATEO: Existe un límite legal. El máximo es un kilómetro y medio, y no más.

PEDRO: Maestro, esto es humillante.

JESÚS: Vamos a obedecer con dignidad.

(Los soldados cargan a los discípulos con tiendas, ollas de bronce, cantimploras, botellas, paquetes con raciones de comida, espadas y escudos pesados. Uno de ellos se fija en Juan).

Decurión:
"jefe de diez"; un líder del ejército romano que presidía sobre los ocho soldados y dos siervos en su escuadrón asignado.

LEGIONARIO 1 *(quitándose el casco húmedo por el sudor)*: ¿Cómo se sentirá caminar el día entero sin un casco de metal sobre la cabeza? ¿Sabes qué es el pelo de casco?

(Deja caer el casco sudado sobre la cabeza de Juan. Los soldados se ríen de inmediato a expensas de Juan, mientras un shock silencioso se esparce entre los discípulos. Los otros ocho romanos hacen lo mismo, colocando sus cascos sobre los discípulos entre risas y burlas. Cada judío se estremece de vergüenza o cierra los ojos, enfurecidos y devastados mientras adornan sus cabezas con íconos del Imperio. Hasta Jesús recibe uno. Un soldado pone una bolsa de postes de tienda en los brazos de Magdalena).

LEGIONARIO 2: Tú también.

(El soldado se aleja, pero Mateo se acerca para tomar la bolsa además de su propia carga sobredimensionada).

MATEO: ¡Yo lo cargo!

MAGDALENA: No estoy hecha de paja, Mateo. Puedo cargarlo.

MATEO *(quitándosela)*: María, por favor. Yo lo llevo.

DECURIÓN: ¡Dense prisa, ratas!

LEGIONARIO 1: Ratas con cascos elegantes.

(Los discípulos avanzan cargados. A Judas no le parece bien que Jesús se lo tome tan voluntariamente. Intenta quitar el casco de la cabeza de Jesús).

JUDAS: Maestro, déjame cargarlo. Tú no deberías...

JESÚS: No. No. No es más inadecuado en mi cabeza que en cualquiera de las suyas.

JUDAS: Ambos sabemos que no es cierto.

JESÚS: Gracias por preocuparte, Judas.

(Judas se queda sin palabras).

Vano

Vano =
Sin sentido
Sin uso
Sin fruto
Sin valor

Los humanos tenemos una fuerte tendencia a enfocarnos en las cosas equivocadas: cosas que cambian, se desvanecen, se pudren y desaparecen con el tiempo; cosas como la belleza, la gloria, el respeto, la reputación, los logros y, por supuesto, el dinero. Pero la verdad es que aun el oro y la plata perecerán, porque las cosas de este mundo no nos acompañarán al cielo.

Claro, la eternidad es difícil de comprender. Después de todo, vivimos en el aquí y el ahora. Hay gente en nuestras vidas que amamos y que debemos cuidar. Tenemos cuentas por pagar y obligaciones por cumplir. Tenemos ideas y metas, y algunos de nosotros pasaremos la mayor parte de un siglo intentando alcanzarlas. Y todo esto significa que no podemos —ni debemos— sencillamente retirarnos, sin importar cuán enfocados estemos en lo celestial.

Sin embargo, Pedro les recordó a sus lectores que en realidad **no pertenecemos aquí;** somos exiliados porque, en cuanto cualquiera de nosotros decide seguir a Jesús, nos volvemos ciudadanos del cielo. Este mundo ya no es nuestro hogar, así que no tiene sentido guardar tesoros y perseguir lo que **sabemos que no durará.**

Piénsalo. Si visitaras un país extranjero y se te dijera que la aduana no te permitiría llevarte nada de regreso, ¿te pasarías el tiempo comprando recuerdos? Por supuesto que no, porque habría formas mucho mejores de gastar tu tiempo y tus recursos.

Lo mismo aplica para nosotros. Y, como el Padre juzga "a cada uno conforme a sus obras", nos conviene invertir en lo que realmente le importa a Él.

"Y [Jesús] vino y anunció las buenas nuevas de paz a vosotros que estabais lejos, y a los que estaban cerca; porque por medio de él los unos y los otros tenemos entrada por un mismo Espíritu al Padre. Así que ya no sois extranjeros ni advenedizos, sino conciudadanos de los santos, y miembros de la familia de Dios, edificados sobre el fundamento de los apóstoles y profetas, siendo la principal piedra del ángulo Jesucristo mismo, en quien todo el edificio, bien coordinado, va creciendo para ser un templo santo en el Señor; en quien vosotros también sois juntamente edificados para morada de Dios en el Espíritu".
Efesios 2:17–22

Tu turno

1. Al igual que nosotros, los discípulos querían respeto, estatus, seguridad y estabilidad. Pero, como hemos estado diciendo, estas cosas no tienen importancia eterna. ¿Cuáles son algunas cosas vanas de este mundo en las que estás invirtiendo, y cómo?

Según las obras

"Y si sobre este fundamento alguno edificare oro, plata, piedras preciosas, madera, heno, hojarasca, la obra de cada uno se hará manifiesta; porque el día la declarará, pues por el fuego será revelada; y la obra de cada uno cuál sea, el fuego la probará. **Si permaneciere la obra de alguno que sobreedificó, recibirá recompensa.** Si la obra de alguno se quemare, él sufrirá pérdida, si bien él mismo será salvo, aunque así como por fuego".

1 Corintios 3:12–15

Alabanza: un premio que involucra elogio especial.

"... [El Señor Jesús] aclarará también lo oculto de las tinieblas, y manifestará las intenciones de los corazones; **y entonces cada uno recibirá su alabanza de Dios**".

1 Corintios 4:5

"Porque es necesario que todos nosotros comparezcamos ante el tribunal de Cristo, para que **cada uno reciba según lo que haya hecho mientras estaba en el cuerpo,** sea bueno o sea malo".

2 Corintios 5:10

"Bienaventurado el varón que soporta la tentación; porque **cuando haya resistido la prueba, recibirá la corona de vida,** que Dios ha prometido a los que le aman".

Santiago 1:12

"He aquí yo vengo pronto, y mi galardón conmigo, **para recompensar a cada uno según sea su obra".**

Apocalipsis 22:12

Recompensar: devolver lo debido; premiar el bien y castigar el mal.

Imputar: atribuirle a alguien la bendición o deuda de otro. Para los seguidores de Jesús, nuestro pecado fue imputado a Cristo y Su justicia se nos imputó.

Según las Escrituras, el día se acerca en que cada persona tendrá que presentarse ante el tribunal de Cristo. Por supuesto, los seguidores de Jesús no serán juzgados con base en el pecado porque Dios ha perdonado nuestros pecados y nos ha imputado la justicia de Cristo. Esto significa que (a) nuestra salvación es asegurada (Jn. 10:27–29) y (b) Dios nunca más se acordará de nuestros pecados (Heb. 8:10–12). Más bien,

Para nerds bíblicos (como nosotros) que quieren saber

En 1 Pedro 5:4, el apóstol usó la palabra "corona" en el contexto de los deportes: "Y cuando aparezca el Príncipe de los pastores, vosotros recibiréis *la corona incorruptible de gloria*". Claro, no se refiere a un adorno literal para la cabeza, sino al honor que los fieles líderes de la Iglesia recibirán cuando Jesús regrese (1 Pe. 5:1–11).

Pablo también describió a las personas como su "corona" cuando Jesús regrese: "Así que, hermanos míos amados y deseados, gozo y *corona* mía, estad así firmes en el Señor, amados" (Fil. 4:1); y "Porque ¿cuál es nuestra esperanza, o gozo, o *corona* de que me gloríe? ¿No lo sois vosotros, delante de nuestro Señor Jesucristo, en Su venida?" (1 Tes. 2:19).

Santiago 1:12 también usó el término deportivo de corona para hablar de la vida eterna de quienes perseveran en la fe: "Bienaventurado el varón que soporta la tentación; porque cuando haya resistido la prueba, recibirá la *corona de vida*, que Dios ha prometido a los que le aman".

Juan usó una vez más ese término para abordar el tema de la vida eterna: "... Sé fiel hasta la muerte, y yo te daré la *corona de la vida*. El que tiene oído, oiga lo que el Espíritu dice a las iglesias. El que venciere, no sufrirá daño de la segunda muerte" (Ap. 2:10–11).

Por todo esto, no esperemos que la "corona de la vida" sea un adorno que portaremos en el cielo, sino que la vida eterna con Jesús es en sí la recompensa por perseverar en la fe.

nuestras obras serán juzgadas. En específico, nuestros motivos y acciones, y lo que hicimos o no para el Señor con el tiempo que se nos dio.

Tal conocimiento debería cambiar nuestras decisiones, ¿cierto? Debería impulsarnos a hacer más por el reino de Dios, a estar más comprometidos con Su agenda y mucho menos con la nuestra, a abrir nuestros ojos a las necesidades de los demás sin querer complacerlos más, a estar únicamente enfocados en complacer a Aquel que merece nuestra alabanza y que pronto veremos cara a cara —y que nos juzgará.

(Respira profundamente).

La realidad es que Dios sabe que a los humanos nos motivan las recompensas, y usa ese deseo para mantenernos enfocados en invertir en *Su* reino y *Sus* prioridades. Para ello, deberíamos acoger con gozo nuestro estatus como exiliados y vivir como nuestro Padre en el cielo, quien nos ha prometido abundancia, belleza, seguridad y riquezas más allá de nuestra comprensión: "Cosas que ojo no vio, ni oído oyó, ni han subido en corazón de hombre, son las que Dios ha preparado para los que le aman" (Is. 64:4; 1 Cor. 2:9).

Después de todo, ¿quién no quisiera acumular más cosas?

Tu turno

2. ¿Qué emociones sientes cuando lees los versículos sobre el tribunal de Cristo, y por qué?

3. ¿Cuáles son algunas de las cosas eternas en las que deberías estar invirtiendo ahora mismo?

4. ¿Qué cosas asombrosas te imaginas cuando piensas en el cielo? (Recuerda: es aún mejor que eso).

Temor real

"El temor de Jehová es para vida, y con él vivirá lleno de reposo el hombre; no será visitado de mal".
Proverbios 19:23

Dios ha probado Su amor por nosotros, eso es seguro (Rom. 5:8) y la Biblia nos dice que descansemos en Su amor (Mt. 11:28–30) porque somos salvos por la gracia y no por las obras (Ef. 2:8–9). La obra salvadora se ha cumplido (Col. 2:9–15), Dios guarda nuestra salida y nuestra entrada (Sal. 121:5–8), y prometió suplir nuestras necesidades con fidelidad (Fil. 4:19). Nuestro hogar eterno está seguro por siempre (Jn. 5:24; 14:2–3), y Dios nos está haciendo tesoros allá "... donde ni la polilla ni el orín corrompen, y donde ladrones no minan ni hurtan" (Mt. 6:19–21).

Pero la generosidad, la bondad y el favor de Dios hacia nosotros no significan que Él apruebe ni tolere todas nuestras decisiones. Al contrario, Él está en el proceso de conformarnos a la imagen de Su Hijo (Rom. 8:28–30). Como hijos de Dios, se espera que nos rindamos ante Él y le obedezcamos mientras esperamos que comience esa eternidad. Entonces, el mismo que nos salvó y nos cuida ahora nos juzgará (Hch. 10:34–43); Aquel que, como Pedro describió, fue "destinado desde antes de la fundación del mundo, pero manifestado en los postreros tiempos..." (1 Pe. 1:20).

Y eso nos debería causar escalofríos. Dios juzgará nuestras obras, así que deberíamos vivir con una dosis sana de temor; no pavor, ni terror, ni pánico, sino una solemne comprensión de que Dios está mirando, de que ha prometido disciplinarnos como lo hace un buen padre (Heb. 12:4–11) y de que le rendiremos cuentas por nuestras decisiones.

Así, cuando Jesús les enseñó a Sus discípulos a perdonar sin límite (Mt. 18:21–35) y a amar aun a sus enemigos (5:43–45), al decir cosas como "... a cualquiera que te hiera en la mejilla derecha, vuélvele también la otra" (v. 39) y "a cualquiera que te obligue a llevar carga por una milla, ve con él dos" (v. 41), nos estaba dando una imagen de quién es Dios. Nos estaba ayudando a entender cómo Dios responde. Estaba explicando cómo deberíamos responder como hijos de Dios: elegir la humildad por encima del orgullo, la generosidad por encima del materialismo, y la bondad, la paciencia y la gracia por encima del egoísmo; comportarnos de un modo que ayude a la gente a nuestro alrededor a ver a Jesús en nosotros.

Aquellos que creemos en Él elegiremos Sus valores por encima de las cosas terrenales porque (a) nuestra recompensa en el cielo será grande, pero también porque (b) **nuestra vida en la tierra será bienaventurada.**

Tu turno

5. ¿Crees que Dios te ama de la manera descrita arriba? ¿Por qué sí, o por qué no?

6. ¿Temes al Señor de la manera descrita arriba? ¿Por qué sí, o por qué no?

7. Según Gálatas 5:22–23, ¿cuáles son algunas cualidades de carácter que le importan a Dios y que Él cultiva en el corazón de Sus seguidores?

Bienaventurados son

"Y abriendo su boca les enseñaba, diciendo: Bienaventurados los pobres en espíritu, porque de ellos es el reino de los cielos. Bienaventurados los que lloran, porque ellos recibirán consolación. Bienaventurados los mansos, porque ellos recibirán la tierra por heredad. Bienaventurados los que tienen hambre y sed de justicia, porque ellos serán saciados. Bienaventurados los misericordiosos, porque ellos alcanzarán misericordia. Bienaventurados los de limpio corazón, porque ellos verán a Dios. Bienaventurados los pacificadores, porque ellos serán llamados hijos de Dios. Bienaventurados los que padecen persecución por causa de la justicia, porque de ellos es el reino de los cielos. Bienaventurados sois cuando por mi causa os vituperen y os persigan, y digan toda clase de mal contra vosotros, mintiendo. Gozaos y alegraos, porque vuestro galardón es grande en los cielos; porque así persiguieron a los profetas que fueron antes de vosotros".

Mateo 5:2–12

Recuerdos de nuestro estudio bíblico de la temporada 2, cuando tocamos el tema de "Bienaventurados los elegidos".

Bienaventurado o *bendecido* son palabras familiares y desconocidas. Los cristianos suelen usarlas en lugar de *suertudo*, para que nadie crea que *nosotros creemos* que las cosas buenas suceden por casualidad. También decimos "que esta comida sea de bendición para nuestros cuerpos" al comer, nos despedimos con un "Dios te bendiga",

> Quid pro quo: frase común en latín que significa "algo a cambio de algo"; un intercambio de favores, tipo: "tú haces esto por mí, y luego yo haré eso otro por ti".

bendecimos las cosas que nos gustan y no las cosas que no nos agradan; así la palabra pierde su impacto.

Pero cuando Jesús predicó Su famoso Sermón del Monte, queda claro que las "bienaventuranzas" no son consejos al estilo de "haz esto para ser feliz"; no son *quid pro quos*. Más bien, son **declaraciones de cómo ya son las cosas** para los que siguen a Jesús. Quizás cada oración podría comenzar igual de bien diciendo "felicitaciones".

Felicitaciones a los que son pobres en espíritu, porque de ellos es el reino de los cielos.

Felicitaciones a los que lloran, porque ellos recibirán consolación.

Felicitaciones a los mansos, porque ellos recibirán la tierra por heredad.

Felicitaciones a los... y así en adelante... porque el favor de Dios está sobre ellos.

Y el meollo del asunto es que el favor de Dios es mejor que la felicidad temporal, al contrario de la cultura actual de "busca tu propia felicidad a toda costa". La felicidad, por definición, es condicional, lo que significa que depende de circunstancias momentáneas —nuestros sentimientos— y por ende es fugaz. Pero las bendiciones de las que habló Jesús apuntan hacia un florecimiento humano más completo y significativo; no en el sentido material de los que lo tienen todo, sino en el de lo que verdaderamente anhelan nuestras almas: el de afirmar la fe, seguir la paz y asegurar el futuro.

Una vez que le pertenecemos, entramos en aquella nueva realidad donde el sufrimiento momentáneo es superado por el favor inmediato de Dios, por Su presencia permanente y por las riquezas imperecederas que está apartando en el cielo para quienes eligen perseverar e invertir continuamente en Su reino.

Tu turno

8. Pedro dijo que Dios tenía planes desde "antes de la fundación del mundo" para que Jesús sufriera, muriera y regresara a la vida *por nuestro bien.* ¿Qué consuelo encuentras en la idea de que Dios tiene planes a largo plazo para las adversidades?

Enfoque de la oración:

Alaba a Dios por la bendición de seguirlo en la tierra y por la belleza y recompensa que te esperan en el cielo. Agradécele por Su generosidad y amor extravagante que te ofrece por gracia mediante Jesús. Confiesa las cosas vanas en las que aún inviertes, y pídele que te ayude a elegir lo que a Él le importa.

Propuesta de oración

Oíd esto, pueblos todos; escuchad, habitantes todos del mundo, así los plebeyos como los nobles, el rico y el pobre juntamente. Mi boca hablará sabiduría, y el pensamiento de mi corazón inteligencia. Inclinaré al proverbio mi oído; declararé con el arpa mi enigma. ¿Por qué he de temer en los días de adversidad, cuando la iniquidad de mis opresores me rodeare? Los que confían en sus bienes, y de la muchedumbre de sus riquezas se jactan, ninguno de ellos podrá en manera alguna redimir al hermano, ni dar a Dios su rescate (porque la redención de su vida es de gran precio, y no se logrará jamás), para que viva en adelante para siempre, y nunca vea corrupción. Pues verá que aun los sabios mueren; que perecen del mismo modo que el insensato y el necio, y dejan a otros sus riquezas. Su íntimo pensamiento es que sus casas serán eternas, y sus habitaciones para generación y generación; dan sus nombres a sus tierras. Mas el hombre no permanecerá en honra; es semejante a las bestias que perecen. Este su camino es locura; con todo, sus descendientes se complacen en el dicho de ellos. Como a rebaños que son conducidos al Seol, la muerte los pastoreará, y los rectos se enseñorearán de ellos por la mañana; se consumirá su buen parecer, y el Seol será su morada. Pero Dios redimirá mi vida del poder del Seol, porque él me tomará consigo.

Salmos 49:1–15

CAMINO A BETANIA - DÍA

(Los discípulos luchan con el terreno y su orgullo).

ANDRÉS: No es que me sienta humillado, porque sí, pero más bien me hierve la sangre de que le hagan esto a Él.

FELIPE: Lo he hecho varias veces. No es algo a lo que te acostumbres.

(Los romanos aguantan mucho, pero están cansados. El decurión siente el desánimo de sus hombres y quiere hacerlos reír. Toma a Tamar de la muñeca y alza su brazo).

DECURIÓN: ¿A quién le pertenece esta cosa?

(Ella se libera).

SIMÓN Z: Jamás había imaginado un momento como este.

PEDRO: Dijo que obedeciéramos. Obedezcamos.

SIMÓN Z: La dolorosa ironía de Sus enseñanzas.

DECURIÓN: ¿Saben qué dice el hombre santo que hace las circuncisiones? "Cuando quieren un corte, siempre es solo la puntita".

(Los discípulos están furiosos; los soldados ríen. Se acercan a una gran piedra con un letrero que apunta hacia un campo romano).

LEGIONARIO 2: Decurión, el letrero que marca kilómetro y medio.

DECURIÓN: En toda su vida, apuesto a que nunca han agradecido tanto la consagrada ley romana.

LEGIONARIO 1: Sabemos que esto ha sido un honor para ustedes.

DECURIÓN: ¡Deténganse!

(Todos se detienen menos Jesús, quien sigue avanzando como si no hubiera escuchado).

DECURIÓN *(perturbado y con sospecha)*: ¡Deténganse!

JESÚS: Su destino es el campamento a kilómetro y medio, ¿no es así?

LEGIONARIO 1: Lo es, pero solo nos permiten una milla.

JESÚS: Por coerción. No hay ley en contra de que un ciudadano los ayude por voluntad propia. Vamos, amigos.

DECURIÓN: Pero...

JESÚS: Si alguien les dice algo, digan que nos ofrecimos.

(Sigue avanzando hacia el campo. Los discípulos le siguen sin reserva, menos...).

JUDAS: Rabí, ¿qué estamos haciendo? ¿Por qué ayudaríamos a los romanos?

JESÚS: Judas, ¿dónde nos conocimos?

JUDAS: En el sermón de la meseta Corazín.

JESÚS: Exacto. Cuando te sientas perturbado, recuerda mi mensaje.

(Judas se queda atrás, atónito. Observa cómo el grupo continúa. Finalmente, vacilante, el decurión alcanza a Jesús con timidez y una mezcla extraña de vergüenza y exigencia).

DECURIÓN *(retirando el casco de la cabeza de Jesús)*: Tal vez, eh... Mejor devuélvannos los cascos, para no confundir al campamento.

JESÚS: Si quieren.

(Los demás romanos, titubeantes, también reclaman sus cascos. Se miran confundidos entre ellos, mientras ven a los discípulos seguir adelante).

FELIPE *(susurrándole a Andrés)*: Oye, "si alguien te obliga a caminar una milla...

ANDRÉS: ...acompáñalo dos."

"Habiendo
purificado vuestras
almas por la obediencia a la
verdad, mediante el Espíritu, para el
amor fraternal no fingido, amaos unos
a otros entrañablemente, de corazón puro;
siendo renacidos, no de simiente corruptible, sino
de incorruptible, por la palabra de Dios que vive
y permanece para siempre. Porque: toda carne es
como hierba, y toda la gloria del hombre como flor
de la hierba. La hierba se seca, y la flor se cae;
mas la palabra del Señor permanece para
siempre. Y esta es la palabra que por el
Evangelio os ha sido anunciada".

1 Pedro 1:22-25

Lección 6

El quebranto es superado por EL AMOR

EXT. BETANIA. MERCADO

(Pedro, Mateo, Andrés, Juan, Santiago el Mayor y Tomás pasean por el mercado).

PEDRO: Tomás, vamos a los puestos del boticario, ¿sí? Ya tenemos poco jabón.

TOMÁS: Eso nunca parece molestar al grupo.

PEDRO: Sí, por eso te traje conmigo. No sé nada de cosas refinadas. ¿Sabías que Edén dice que no tengo olfato ni gusto?

TOMÁS: ¿Y es cierto?

PEDRO: No. Dice que no sé cómo llamar las cosas o que uso las palabras incorrectas. Cuando intento elogiar su comida, digo que algo es dulce… pero resulta que no debía saber a dulce. Yo solo quería decir que me gustó.

TOMÁS *(dándole una muestra de perfume de un vendedor)*: ¿A qué dirías que huele esto?

PEDRO *(oliendo)*: No lo sé. Huele a… ¿una especie de flor?

TOMÁS: Huele a hierbas. Estabas bastante cerca. *(Regresando la muestra al vendedor).* Hoja de cedro y albahaca. Tal vez algo de limón.

PEDRO: Para nada estaba cerca. Estás siendo amable.

TOMÁS: Creí que estábamos buscando jabón.

PEDRO: Tomás, ¿cómo te has sentido?

TOMÁS: Es tiempo de fiestas.

PEDRO: Pero no me contestaste.

TOMÁS: Celebramos la Fiesta de la Dedicación. Debería sentirme agradecido, creo.

PEDRO: ¿A quién le importa lo que deberías sentir? Los macabeos derrocaron a los griegos para darnos vidas completas, no para ser de madera.

TOMÁS: Entonces me siento terrible.

PEDRO: Gracias.

TOMÁS: ¿Gracias?

PEDRO: Sí. Por la verdad. Siempre es el mejor lugar para comenzar.

TOMÁS: Lo que me interesa es cuándo va a terminar.

PEDRO: ¿Hay algún momento en el que no te sientas terrible?

TOMÁS: Cuando tenemos trabajo importante, eso logra distraerme un poco. Si tan solo pienso en lo que tengo que hacer, estoy bien. Pero, además de eso… en la quietud… me parece que todo…

PEDRO: Duele.

TOMÁS *(sorprendido)*: ¿Lo entiendes?

PEDRO: Escucha, nunca conocí a la persona que perdí.

TOMÁS: Ramah me contó del bebé que perdió Edén. Las mujeres, pues, hablan entre sí de esas cosas.

PEDRO: ¿Te contó que lo tomé muy mal?

TOMÁS: No hizo falta. Estuve en el barco, ¿recuerdas? No fuiste sutil.

PEDRO: Sí. Es un concepto que desconozco. ¿Recuerdas qué me dijo en el mar? Que permite estas pruebas porque reluce la autenticidad de nuestra fe y nos fortalecen.

TOMÁS: ¿A costa de la vida de alguien?

PEDRO: Tuve las mismas dudas en lo más profundo de mi dolor y solo empeoraron las cosas.

TOMÁS: Eso no las hace incorrectas.

PEDRO: No es incorrecto cuestionar algo. Pero se vuelve incorrecto cuando no aceptas la respuesta.

TOMÁS: Es que no... no entiendo *por qué* no salvó a Ramah. Hemos visto los milagros que hace. Camina sobre agua, multiplica la comida, poderes que no se habían manifestado en la historia de la tierra. ¿Por qué no pudo prevenir que la acuchillaran? ¿O detener el tiempo antes de su muerte? ¿O incluso devolverle la vida?

PEDRO: Cuando mi mente le da vueltas a estas cosas, vuelvo a pensar en lo que Dios le dijo al profeta Isaías: "Mis pensamientos no son sus pensamientos, ni mis caminos son los suyos, dijo el Señor". Sabes que puede crear un mundo en el que no tenemos libre albedrío y donde nunca nada sale mal, pero eso va a suceder en el futuro. No será ahora.

TOMÁS: No me lances migajas de los profetas, Pedro. Conozco los mismos pasajes. ¿A ti te ayudaron en algo?

(Al llegar al puesto de jabones, Tomás elige un bloque y se lo pasa a Pedro).

TOMÁS (CONT.): Toma. Este para las mujeres.

PEDRO *(oliéndolo)*: ¿Clavos?

TOMÁS: No. Aceite de lavanda. Y estos para los hombres.

PEDRO *(oliendo de nuevo)*: Claro, este sí lo detecto. Musgo húmedo.

TOMÁS: Vetiver y albahaca.

PEDRO: Tal vez soy un caso perdido.

TOMÁS: Por completo.

El meollo del asunto

Para la mayoría de nosotros, seguir a Jesús no siempre es tan genial como dicen. Suena irreverente pero es cierto porque, aun cuando no es intencional, tenemos ideas preconcebidas sobre lo que Dios debería hacer, por dónde debería guiar y cómo debería intervenir en nuestras vidas —incluyendo todas las maneras que creemos que debería evitar nuestro sufrimiento.

Lo mismo fue cierto para los discípulos. Jesús no solo requirió que hicieran cosas sorprendentemente difíciles, sino que la oposición a lo que hacían creció a tal grado que Jesús y (seguramente) Sus seguidores fueron echados del pueblo por una turba homicida (Jn. 10:22–42). Y, para colmo, les informaron que su buen amigo Lázaro había muerto (Jn. 11:1–16).

Para nerds bíblicos (como nosotros) que quieren saber

El Evangelio de Juan nos cuenta más sobre el apóstol Tomás que cualquier otro autor del Nuevo Testamento. Juan a menudo lo llamó "Dídimo" (lo cual es el equivalente griego del nombre hebreo o arameo "Tomás", y significa "Gemelo").

Sin embargo, en vez de llamarlo "el gemelo", la gente suele nombrarle "el incrédulo" por su resistencia a creer en la resurrección de Jesús hasta tener pruebas sólidas. Es decir, quería ver a Jesús en persona con sus propios ojos:

"Le dijeron, pues, los otros discípulos [a Tomás]: Al Señor hemos visto. Él les dijo: Si no viere en sus manos la señal de los clavos, y metiere mi dedo en el lugar de los clavos, y metiere mi mano en su costado, no creeré.

Ocho días después, estaban otra vez sus discípulos dentro, y con ellos Tomás. Llegó Jesús, estando las puertas cerradas, y se puso en medio y les dijo: Paz a vosotros.

Luego dijo a Tomás: Pon aquí tu dedo, y mira mis manos; y acerca tu mano, y métela en mi costado; y no seas incrédulo, sino creyente.

Entonces Tomás respondió y le dijo: ¡Señor mío, y Dios mío! Jesús le dijo: Porque me has visto, Tomás, creíste; bienaventurados los que no vieron, y creyeron" (Jn. 20:25–29).

Pero el incidente en Juan 11 muestra un lado distinto de Tomás. Cuando Jesús le dijo al grupo que iban a ver al Lázaro ya muerto, de vuelta en la peligrosa región de Judea de donde acababan de correr por sus vidas (!), Tomás alzó la voz: "Vamos también nosotros, para que muramos con él" (Jn. 11:16).

Lo que podría parecer valentía pura también estaba contaminada de pesimismo porque, aunque Tomás estaba dispuesto a morir con Jesús (y Lázaro), su declaración sugirió que las palabras de Jesús mismo no lo animaron (véase vv. 9–10). Ciertamente aún no entendía que únicamente Jesús moriría como sacrificio por él y por todos los demás.

Más tarde, Tomás fue quien preguntó sobre el camino de la salvación (14:5), a lo que Jesús respondió "Yo soy el camino, y la verdad, y la vida; nadie viene al Padre, sino por mí" (14:6).

Así que podemos estar agradecidos con el ejemplo de valentía de Tomás por estar dispuesto a seguir a Jesús hasta la muerte, pero también por su voluntad de expresar sus dudas con honestidad y hacer preguntas difíciles. Como resultado, su fe se fortaleció, así como la nuestra.

Ellos no esperaban que así fuera la reacción de la gente al Mesías, ni la recompensa que recibirían por seguirlo, ni la forma de Jesús de cuidar a uno de Sus amigos más cercanos. Después de todo, había sanado a tantos otros. Pero, al escuchar que Lázaro estaba al borde de la muerte, "se quedó dos días más en el lugar donde estaba" (Jn. 11:6).

A decir la verdad, poco de lo que los discípulos experimentaron coincidía con sus ideas preconcebidas. No solo eran brutales sus circunstancias, sino también el hecho de que Jesús no evitó, respondió ni intervino de maneras que les habrían ahorrado mucho quebranto.

Y ahora hemos llegado al meollo del asunto.

Tu turno

1. A pesar de seguir a Jesús, los doce apóstoles aún enfrentaron pérdidas y quebrantos. Y, así como ellos, a veces nuestras circunstancias nos decepcionan profundamente por cómo Jesús obra (o aparentemente no obra) en nuestras vidas.

¿Cuáles son algunas de tus ideas preconcebidas sobre Jesús y sobre cómo debería ser seguirlo? ¿Cuáles son algunas de tus decepciones más profundas?

"Señor, tú nos has sido refugio de generación en generación. Antes que naciesen los montes y formases la tierra y el mundo, desde el siglo y hasta el siglo, tú eres Dios. Vuelves al hombre hasta ser quebrantado, y dices: Convertíos, hijos de los hombres. Porque mil años delante de tus ojos son como el día de ayer, que pasó, y como una de las vigilias de la noche. Los arrebatas como con torrente de aguas; son como sueño, como la hierba que crece en la mañana. En la mañana florece y crece; a la tarde es cortada, y se seca".
Salmos 90:1–6

"... Porque ¿qué es vuestra vida? Ciertamente es neblina que se aparece por un poco de tiempo, y luego se desvanece".
Santiago 4:14

"Y oí una gran voz del cielo que decía: He aquí el tabernáculo de Dios con los hombres, y él morará con ellos; y ellos serán su pueblo, y Dios mismo estará con ellos como su Dios. Enjugará Dios toda lágrima de los ojos de ellos; y ya no habrá muerte, ni habrá más llanto, ni clamor, ni dolor; porque las primeras cosas pasaron".
Apocalipsis 21:3–4

Tierra de los vivientes

"El hombre, como la hierba son sus días; florece como la flor del campo, que pasó el viento por ella, y pereció, y su lugar no la conocerá más".
Salmos 103:15–16

Por mucho que nos guste pensar que somos fuertes, capaces e importantes, según las Escrituras, la humanidad en realidad es frágil, desesperada y fácil de olvidar. Somos como flores que caen, pasto que se marchita, neblina que se esfuma. Somos polvo, y "al polvo volver[emos]" Gn. 3:19. Esto significa que cualquier y todo éxito humano es temporal y, como dijo Pedro, no puede lograr lo que la palabra eterna de Dios puede lograr.

Lo que *ha* logrado y *va* a lograr.

Pero eso no impide que nos esforcemos. Ay, cuánto nos esforzamos. Luchamos y nos presionamos y alcanzamos y corremos hacia las cosas que queremos... y lejos del sufrimiento. Ciertamente solemos ver el sufrimiento como el opuesto del bien. Intentamos evadir las circunstancias difíciles y le tememos al dolor, aunque sabemos que es imposible andar por la vida sin experimentarlo todo en algún momento.

A no ser que nuestra fugaz existencia terrenal y la debilidad y el quebranto que conlleva nos desesperen, Pedro (un experto en el sufrimiento) nos recuerda que Dios ya intervino y que mediante la vida, muerte y resurrección de Jesús somos renacidos "no de simiente corruptible, sino de incorruptible" (1 Pe. 1:23). En otras palabras, Dios nos ha hecho espiritualmente nuevos y nos ha prometido un hogar eterno, donde (a) nuestros nombres no solo serán recordados, sino inmortalizados, y (b) el dolor, la debilidad, las luchas y el quebranto no existirán más.

Pero aún no llegamos ahí. Así que, por ahora, nos aferramos a la esperanza y marchamos adelante, con corazones nuevos que se llenan con toda la plenitud de Dios.

Tu turno

2. ¿De qué maneras has experimentado tu propia debilidad y fragilidad?

3. Si la vida es fugaz, también lo es cualquier dolor y quebranto que se te presenta. ¿Cómo cambia eso tu perspectiva sobre el sufrimiento?

"El que venciere será vestido de vestiduras blancas; y no borraré su nombre del libro de la vida, y confesaré su nombre delante de mi Padre, y delante de sus ángeles".
Apocalipsis 3:5

La palabra de Dios es eternamente eficaz; permanece.

Permanecer: continuar sin flaquear.

"El cielo y la tierra pasarán, pero mis palabras no pasarán".
Mateo 24:35

4. ¿Qué significa que la palabra de Dios "permanece"? ¿De qué maneras te anima saber que hemos sido "renacidos, no de simiente corruptible, sino de incorruptible, por la palabra de Dios que vive y permanece para siempre" (1 Pe. 1:23)?

"... amaos unos a otros entrañablemente, de corazón puro; siendo renacidos, no de simiente corruptible, sino de incorruptible...".

"Amados, amémonos unos a otros; porque el amor es de Dios. Todo aquel que ama, es nacido de Dios, y conoce a Dios. El que no ama, no ha conocido a Dios; porque Dios es amor. En esto se mostró el amor de Dios para con nosotros, en que Dios envió a su Hijo unigénito al mundo, para que vivamos por él. En esto consiste el amor: no en que nosotros hayamos amado a Dios, sino en que él nos amó a nosotros, y envió a su Hijo en propiciación por nuestros pecados. Amados, si Dios nos ha amado así, debemos también nosotros amarnos unos a otros. Nadie ha visto jamás a Dios. Si nos amamos unos a otros, Dios permanece en nosotros, y su amor se ha perfeccionado en nosotros".
1 Juan 4:7–12

"No se turbe vuestro corazón; creéis en Dios, creed también en mí. En la casa de mi Padre muchas moradas hay; si así no fuera, yo os lo hubiera dicho; voy, pues, a preparar lugar para vosotros. Y si me fuere y os preparare lugar, vendré otra vez, y os tomaré a mí mismo, para que donde yo estoy, vosotros también estéis".
Juan 14:1–3

Vida nueva, amor nuevo

"Por esta causa doblo mis rodillas ante el Padre de nuestro Señor Jesucristo, de quien toma nombre toda familia en los cielos y en la tierra, para que os dé, conforme a las riquezas de su gloria, el ser fortalecidos con poder en el hombre interior por su Espíritu; para que habite Cristo por la fe en vuestros corazones, a fin de que, arraigados y cimentados en amor, seáis plenamente capaces de comprender con todos los santos cuál sea la anchura, la longitud, la profundidad y la altura, y de conocer el amor de Cristo, que excede a todo conocimiento, para que seáis llenos de toda la plenitud de Dios".
Efesios 3:14–19

Cuando renacemos espiritualmente, Cristo entra en nuestros corazones y se convierte en nuestra fuente de fuerza y amor, sin importar las circunstancias. Y esa es la clave para vivir una vida santa y obediente en este planeta marchito y quebrantado:

El amor.

Ciertamente el amor es la respuesta natural y correcta de los hijos de Dios a Su intervención amorosa a través de Cristo (e.d. Jesús y "la palabra que por el Evangelio os ha sido anunciada"). Pero la salvación no es lo único que nos motiva y empodera a amarnos. Más bien el mandamiento "amaos unos a otros entrañablemente" está fundamentado en la eternidad de nuestra salvación; como los cristianos hemos nacido a la vida eterna, debemos vivir en amor fraternal sincero en una comunidad de fe eterna que refleje (a) que somos hijos de Dios y que Dios es amor, y (b) que nos dirigimos al cielo, para vivir juntos en el lugar que Él nos prepara.

Fijar nuestra mirada en ese hogar y familia eternos amortigua el quebranto que experimentamos mientras esperamos que comience la eternidad, porque sabemos que nuestro tiempo aquí es poco, por lo que cualquier y todo sufrimiento es temporal y será superado por el gozo que ha de venir. Sabemos que, con el tiempo, Dios sanará lo quebrantado y restaurará Su creación. Y sabemos que el amor de Cristo, el cual habita en nuestros corazones mediante la fe, es en sí lo que atraerá a más gente quebrantada a Él.

El amor de Cristo es el bálsamo para nuestras almas afligidas.

Tu turno

5. Solemos entender el amor como un sentimiento que nos conmueve y que determina nuestras acciones. Pero 1 Juan 4:7–12 describe al amor como una decisión. ¿Qué conexiones encuentras entre el amor y la obediencia? ¿Cuál es la diferencia entre amar en obediencia y los sentimientos que van y vienen?

6. ¿De qué maneras tener una comunidad de fe eterna ayuda a aliviar tu quebranto actual?

7. ¿Cómo obedecerás hoy el mandamiento de "amaos unos a otros entrañablemente, de corazón puro"?

Siguiendo órdenes

"Nosotros le amamos a él, porque él nos amó primero. Si alguno dice: Yo amo a Dios, y aborrece a su hermano, es mentiroso. Pues el que no ama a su hermano a quien ha visto, ¿cómo puede amar a Dios a quien no ha visto? Y nosotros tenemos este mandamiento de él: El que ama a Dios, ame también a su hermano. Todo aquel que cree que Jesús es el Cristo, es nacido de Dios; y todo aquel que ama al que engendró, ama también al que ha sido engendrado por él. En esto conocemos que amamos a los hijos de Dios, cuando amamos a Dios, y guardamos sus mandamientos. Pues este es el amor a Dios, que guardemos sus mandamientos; y sus mandamientos no son gravosos".

1 Juan 4:19–5:3

Amarnos unos a otros no es una sugerencia; es una orden. Pero seguimos esas órdenes porque amamos a Aquel que nos amó primero (Rom. 5:8), Aquel que nos vigila y nos protege (Jn. 10:11–18), Aquel que nos guarda y nos guía (Heb. 13:20–21). Obedecemos Su mandamiento de amar porque Él ya nos ama total y completamente (Rom. 8:32). Y, cuando compartimos Su amor, participamos en compartir las buenas nuevas del Evangelio porque sencillamente no hay mejor modo de suplir las necesidades del tiempo presente.

El mundo ciertamente está lleno de tanto quebranto del cual los seguidores de Jesús no siempre quedan exentos. Pero el bálsamo de la presencia, el poder y el amor de Cristo es sanador y en última instancia supera el dolor que el mundo quebrantado en el que vivimos nos trae.

El mundo quebrantado en el que vivimos solo por ahora.

Tu turno

8. ¿Cómo supera el amor de Dios tu quebranto?

Enfoque de la oración:

Medita en el amor de Dios para ti en Cristo Jesús. Agradécele por Su intervención amorosa, y porque Él continúa persiguiendo tu corazón. Cuéntale sobre tu quebranto y pídele más de Su sabiduría y fortaleza para soportarlo. Ora por sanidad. Ora por más fe y la capacidad de esperar en las cosas eternas que te esperan a la vuelta de la esquina.

Propuesta de oración

Amo a Jehová, pues ha oído mi voz y mis súplicas; porque ha inclinado a mí su oído; por tanto, le invocaré en todos mis días. Me rodearon ligaduras de muerte, me encontraron las angustias del Seol; angustia y dolor había yo hallado. Entonces invoqué el nombre de Jehová, diciendo: Oh Jehová, libra ahora mi alma. Clemente es Jehová, y justo; sí, misericordioso es nuestro Dios. Jehová guarda a los sencillos; estaba yo postrado, y me salvó. Vuelve, oh alma mía, a tu reposo, porque Jehová te ha hecho bien. Pues tú has librado mi alma de la muerte, mis ojos de lágrimas, y mis pies de resbalar. Andaré delante de Jehová en la tierra de los vivientes. Creí; por tanto hablé, estando afligido en gran manera. Y dije en mi apresuramiento: Todo hombre es mentiroso. ¿Qué pagaré a Jehová por todos sus beneficios para conmigo? Tomaré la copa de la salvación, e invocaré el nombre de Jehová. Ahora pagaré mis votos a Jehová delante de todo su pueblo. Estimada es a los ojos de Jehová la muerte de sus santos. Oh Jehová, ciertamente yo soy tu siervo, siervo tuyo soy, hijo de tu sierva; tú has roto mis prisiones. Te ofreceré sacrificio de alabanza, e invocaré el nombre de Jehová. A Jehová pagaré ahora mis votos delante de todo su pueblo, en los atrios de la casa de Jehová, en medio de ti, oh Jerusalén. Aleluya.

Salmos 116

EXT. PATIO DEL TEMPLO - ATARDECER

(Caminando junto al intercambio de ganados, Jesús ve a un pastor que vende sus ovejas a los inspectores de ganado fariseos. Acaricia con cariño la lana de una de ellas. Se dirige a Sus seguidores...).

JESÚS: Escuchen con atención. El que no entra por la puerta en el redil de las ovejas, sino que sube por otra parte, ese es ladrón y salteador. Pero el que entra por la puerta es el pastor de las ovejas. Las ovejas escuchan su voz y llama a las ovejas por su nombre, y las conduce afuera. Cuando las saca a todas, va delante de ellas y las ovejas le siguen porque conocen su voz.

En el episodio 6, Jesús y Sus seguidores recitan porciones de los salmos del Hallel como parte de su celebración de la antigua fiesta judía. La palabra ***hallel*** significa "adoración", y a los salmos 113–118 se les suele llamar salmos del Hallel, o a veces simplemente el Hallel.

(Los fariseos del ganado se percatan de que ahí está Jesús. Hablan entre ellos).

JESÚS (CONT.): No seguirían a un extraño, sino que huirían de él, porque no conocen la voz de los extraños.

NATANAEL *(tan confundido como todos los demás)*: Maestro, no estoy seguro de entender lo que dices.

PEDRO: Esta forma retórica que usas, ¿podrías decirlo con más simpleza?

ANDRÉS: Queremos entender.

(Los fariseos están cerca, escuchando y observándolo todo).

JESÚS: Esto es importante: Yo soy la puerta de las ovejas. Todos los que vinieron antes de Mí son ladrones y salteadores, pero las ovejas no les hicieron caso.

(Los fariseos ahora se preocupan).

JESÚS (CONT.): Yo soy la puerta. Si alguno entra por Mí será... será salvado, y entrará y saldrá y hallará pastura. El ladrón solo viene para robar, matar y destruir.

(Los discípulos escuchan con atención, pero Judas pone más atención al grupo creciente de fariseos).

JESÚS (CONT.): Yo vine para que tengan vida y que la tengan en abundancia. Yo soy el buen pastor. El buen pastor entrega su vida por las ovejas. Pero el que es un asalariado, y no un pastor, el que no es dueño de las ovejas, cuando ve venir al lobo abandona a las ovejas y huye, así que el lobo se las lleva y las dispersa. El asalariado huye porque solo trabaja por dinero. No le importan las ovejas. Yo soy el buen pastor, y conozco a Mis ovejas y Mis ovejas me conocen, así como el Padre me conoce y Yo conozco al Padre, y entrego Mi vida por las ovejas.

OZEM: Encaja con la descripción de un hombre que buscamos. ¿Sabes quién es?

FARISEO 1: Aún no; estaba esperándolo a usted.

(Algunos de los discípulos se dan cuenta de que de repente tienen compañía).

JESÚS: Y tengo otras ovejas que no son de este redil. A esas también debo traerlas, y van a escuchar Mi voz.

OZEM *(en voz alta para interrumpir)*: ¿"Otras ovejas que no son de este redil"? ¿Estás hablando de los gentiles?

JESÚS: Y serán un solo rebaño con un solo pastor. Por esta razón el Padre me ama: porque Yo entrego Mi vida para tomarla de nuevo.

GEDERA: ¡Eso no es real! No hay resurrección.

ZEBEDÍAS: Al menos no alguna que cualquier hombre mortal esté autorizado a aplicar en sí mismo cuando muera.

JUDAS *(en voz baja dirigiéndose a Pedro)*: Tenemos que hacer algo.

PEDRO: Solo presta atención, Judas.

OZEM: ¡Que alguien traiga a Sammai de inmediato!

ZEBEDÍAS: No está por los días festivos.

JUDAS *(ahora a Mateo)*: ¿Cómo prestamos atención si estos hombres no se callan y lo insultan?

MATEO: Jesús no especificó a qué prestarle atención.

JESÚS *(concluyendo, viendo a los fariseos de frente)*: Nadie me va a quitar la vida, sino que la entrego por Mi voluntad. Tengo autoridad para entregarla, y tengo autoridad para tomarla de nuevo. ¡Este mandamiento lo recibí de Mi Padre!

"Desechando, pues, toda malicia, todo engaño, hipocresía, envidias, y todas las detracciones, desead, como niños recién nacidos, la leche espiritual no adulterada, para que por ella crezcáis para salvación, si es que habéis gustado la benignidad del Señor".

1 Pedro 2:1–3

Lección 7

La contaminación es superada por LA DEDICACIÓN

MACIZO DE LA SAINTE BAUME. CUEVA - 60 D.C.

(Mateo y María Magdalena entran a lo profundo de una cueva. Velas iluminan su interior. Se nota que ella ha vivido ahí por mucho tiempo).

MAGDALENA: Cuidado, está muy oscuro. Fíjate dónde pisas. No puedo creer que vinieras hasta acá, Mateo, ¡con tanto peligro y a tu edad!

MATEO *(riéndose)*: Nuestra edad. Era importante. *(Saca de su bolsa un libro de cuero enorme con pergaminos encuadernado con cuerdas).* María, lo terminé.

MAGDALENA *(asombrada)*: ¿El Evangelio?

MATEO: No podía arriesgarme a enviarlo con un mensajero. Y quería que tú fueras la primera en leerlo, por favor. Quiero saber tu opinión. Necesitaba estar aquí para oírlo.

MAGDALENA *(sus ojos se llenan de lágrimas; cuidadosamente acepta el enorme libro como el artefacto invaluable que es)*: No puedo creerlo. Cuánto te esforzaste, por cuánto tiempo. Esto será un tesoro eterno.

MATEO: Estoy aquí para asegurar que así sea. Al menos sabemos que durará más que nuestras vidas.

MAGDALENA: Sé que tengo razón.

MATEO: María, antes de decir nada más, me temo que tengo malas noticias.

MAGDALENA: Ya me acostumbré a eso.

MATEO: Hubiera podido enviarte el mensaje, pero yo pensé que, ya que venía a verte, era mejor decírtelo en persona.

(Él lucha. Ella toma la iniciativa).

MAGDALENA: ¿Ahora quién?

MATEO *(traga saliva duro)*: Santiago el Menor.

(Magdalena cierra los ojos, exhalando aire y emoción. Encuentra la voz para pedir más detalles).

MAGDALENA: ¿Cómo pasó? ¿Dónde?

MATEO: María, no...

MAGDALENA *(con firmeza)*: No. Quiero saber. Puedo con esto. Dime.

MATEO: En el Bajo Egipto. El rey Hircano mandó a que lo atravesaran con una lanza.

(Aun después de todas las noticias de todas las muertes, a María aún le duele cada vez).

MAGDALENA: ¿Cómo están Onya y las niñas?

MATEO: Por suerte no estuvieron para verlo.

MAGDALENA: Gracias a Dios.

MATEO: Los hombres de Zé las van a llevar con Ninfa y su esposo en Colosas. Pablo envió cartas a la iglesia de ahí.

MAGDALENA: Ahí van a estar a salvo. Le enviaré una carta a Onya.

MATEO: ¿Y qué le dirías?

MAGDALENA *(después de una breve pausa)*: Que él ya no sufre más. Él pasó toda su vida con dolor y casi nunca se quejó.

(Esto no se le había ocurrido a Mateo. Está conmovido).

MAGDALENA (CONT.): Voy a pasar la noche en vela para leer tu manuscrito. Quiero revivir todo. Incluso las partes difíciles.

(Algo tiene Mateo, y Magdalena se da cuenta).

MAGDALENA (CONT.): ¿Sucede algo? Por eso viniste, ¿no?

MATEO: No, lo es. Es que hay algo que noté.

(Su mirada se fija en un escritorio en el rincón, cubierto de pedazos de pergamino. Ella sigue su mirada).

MAGDALENA: ¿Mi escritorio? Ahí escribo cartas.

MATEO: Discúlpame, no me quiero entrometer. Es que noté cuando pasé por ahí... Esos pedazos no parecen cartas.

MAGDALENA: ¿Los leíste?

MATEO: ¡No! No, no, no lo haría, jamás lo haría. Es que los pedazos que vi ahí me parecieron... raros.

MAGDALENA: Mateo, déjame leer tu escrito. No te ocupes con mis garabatos.

MATEO: Estoy seguro de que es más importante que solo garabatos.

MAGDALENA: ¿Por qué estamos hablando de esto?

MATEO: El pergamino es caro. Vives en una cueva en la montaña, lejos del comercio y la civilización. Nadie en tu posición o la mía lo desperdiciaría.

MAGDALENA: Es cierto. No lo desperdicio.

MATEO: María, yo valoro lo que piensas y estoy ansioso por escuchar. ¿Me permites? *(Un sonido les distrae de momento).* Está bien. Sabes que cuentas conmigo, ahora y siempre.

MAGDALENA *(adolorida)*: Últimamente he tenido sueños de los momentos más oscuros en mi vida y la de Él... y otros de los nuestros. Quise escribirlos para no olvidarlos. Intento darles orden de alguna manera. No lo sé. Solo son para mí. Para nadie más.

MATEO: Sí, entiendo. Perdón por preguntar. Solo querría que los compartieras cuando te sientas cómoda.

MAGDALENA *(después de una larga mirada a Mateo, vuelve a voltear al escritorio y se calma)*: Quizá pueda compartirlos contigo, mi más viejo amigo.

Contaminantes

En la cultura judía del primer siglo, estaban obsesionados con las cosas que contaminan. Ten en cuenta, no era porque la gente fuera germofóbica. Más que una cuestión de higiene personal para proteger la salud física, la gente se preocupaba por la "pureza" porque simbolizaba la salud espiritual. Con ese fin, los sacerdotes israelitas debían "poder discernir entre lo santo y lo profano, y entre lo inmundo y lo limpio" para "enseñar a los hijos de Israel todos los estatutos que Jehová les [había] dicho por medio de Moisés" (Lv. 10:10–11).

Con ese fin, las leyes de pureza eran extensas y tenían implicaciones sobre qué comida se podía consumir (Lv. 11), cómo manejar las labores de parto (Lv. 12), cómo interactuar con gente enferma (Lv. 13–14), cómo enfrentar flujos corporales (Lv. 15) y cómo manejar cadáveres humanos (Nm. 19). Por supuesto, algunas formas de impureza eran inevitables en el diario vivir y no se consideraban pecaminosas en sí (por ejemplo, cuando alguien moría, era necesario cargar sus cuerpos para enterrarlos). Pero reconocer tales cosas como formas de impureza aún demandaba purificación simbólica, por lo que pensaban mucho en la necesidad de un Salvador (nuestra purificación espiritual permanente).

Para nerds bíblicos (como nosotros) que quieren saber

En el simbolismo de las prácticas rituales de pureza, de todas las formas de contaminación, la impureza mayor era la muerte. En el episodio 7, cuando Jesús y Sus seguidores oyen sobre la muerte de Lázaro, Jesús anuncia que regresarán a Judea, donde apenas habían amenazado sus vidas. Mientras el grupo va de camino, Juan y Tomás dialogan sobre la muerte, y Juan le pregunta sobre el comentario previo de Tomás: "Vamos también nosotros, para que muramos con él" (Jn. 11:16). Juan intenta animar a Tomás a reconocer que la muerte no es una meta deseable. Pero Tomás intenta ayudarle a Juan a reconocer que la muerte es un hecho de la vida: "Nos han obligado a aceptar que la muerte es parte de la vida".

Y, claro, Tomás tiene razón: la muerte es un hecho de la vida.

Pero allí no se acaba el tema. En otra parte del grupo, María Magdalena y Santiago el Menor hablan del salmo 13 (véase página 54). Al contemplar la frase bíblica "no sea que duerma el sueño de la muerte", Santiago el Menor resalta que a veces los términos "dormir" y "morir" se usan de manera indistinta. Luego María resalta que quizás sea posible "despertar" de la muerte; por eso ella había preguntado "¿Guardaremos shiva o no?" —porque entiende que Jesús tiene el poder para limpiar a una persona del mayor símbolo de impureza: la muerte.

De hecho, eso es precisamente lo que sucede. Jesús "despierta" a Lázaro del "sueño" de la muerte. Claro, sabemos por las Escrituras que poco después, Jesús mismo resucitó, y probó de una vez por todas que Él es nuestra purificación espiritual permanente.

Pasando a lo que Pedro dijo sobre tener pureza en términos de obediencia y amor: "Habiendo purificado vuestras almas por la obediencia a la verdad, mediante el Espíritu, para el amor fraternal no fingido, amaos unos a otros entrañablemente, de corazón puro" (1 Pe. 1:22). Acto seguido, presentó una lista de cosas que contaminan ese amor: "Desechando, pues, toda malicia, todo engaño, hipocresía, envidias, y todas las detracciones" (2:1). Tales cosas corrompen el amor que los creyentes comparten en la comunidad de fe, lo que las hace peores que las enfermedades físicas que la gente intentaba evitar porque esos males amenazan lo que la vida nueva en Jesús debería ser. Debería ser buena.

Tu turno

1. Los primeros seguidores de Cristo entendieron la importancia de pertenecer a una comunidad amorosa y "desechar" los contaminantes que amenazaban tal comunidad. ¿Cuál de los ejemplos de Pedro (malicia, engaño, hipocresía, envidias, detracciones) te cuesta más trabajo desechar? ¿Cuáles son algunos otros con los que luchas que Pedro no mencionó aquí específicamente?

Luz que limpia

"Antes bien renunciamos a lo oculto y vergonzoso, no andando con astucia, ni adulterando la palabra de Dios, sino por la manifestación de la verdad recomendándonos a toda conciencia humana delante de Dios".

2 Corintios 4:2

Recomendar: encargar a alguien de algo. En otras palabras "nos encargamos a ustedes ante Dios, y nuestras acciones son transparentes y plenamente visibles".

Jesús vino para salvarnos de la contaminación del pecado; eso es 100% seguro. Pero también vino para salvarnos para la vida nueva en Él, la cual ofrece una relación restaurada con Dios el Padre y una comunidad perpetua dentro de Su familia de creyentes. Por supuesto, sin Jesús, el pecado se interpone entre nosotros y Dios, como un obstáculo insuperable que crea una larga sombra de oscuridad y muerte. En ese sentido, nos mantiene aislados de nuestro Padre amoroso, así como de los demás creyentes, porque (entre las demás contaminaciones del pecado en nuestras vidas) trabajamos duro para ocultar las cosas que no queremos que nadie vea.

Pero Dios.

"Pero Dios demuestra su amor por nosotros en esto: en que cuando todavía éramos pecadores, Cristo murió por nosotros" (Rom. 5:8 NVI).

Como seguidores de Jesús y gracias al amor de Dios, entramos en "la luz del Evangelio de la gloria de Cristo, el cual es la imagen de Dios" (2 Cor. 4:4). Y esa luz nos limpia porque las cosas que antes contaminaban nuestros corazones y nuestras relaciones son (a) iluminadas por el Espíritu Santo mediante la convicción del pecado (Jn. 16:7–11), (b) perdonadas cuando confesamos (1 Jn. 1:9–10), (c) resistidas por la fuerza y el dominio propio que Él provee (2 Tim. 1:7) y (d) mitigadas por la rendición de cuentas y el apoyo de nuestros hermanos y hermanas en la fe (Gal. 6:1–2).

Nos "recomendamos a toda conciencia humana delante de Dios" porque hemos sido perdonados y hechos puros por Jesús. Con ese fin, no queda nada por ocultar. Podemos ser transparentes y auténticos con los demás sobre nuestras victorias así como nuestras luchas constantes porque Dios nos ha perdonado y aceptado en Su comunidad.

Y, por ello, es hora de madurar.

Tu turno

2. ¿Cómo te sientes respecto a la luz de Dios que limpia (e.d. que expone el pecado)?

3. ¿Por qué es importante que estemos en comunidad con otros creyentes?

4. ¿Qué impide que te encomiendes a los seguidores de Jesús alrededor tuyo? ¿Qué debe cambiar para que te apoyes más en esas relaciones?

Para nerds bíblicos (como nosotros) que quieren saber

El Evangelio de Juan registra algunas de las emociones de Jesús en el evento de la resurrección de Lázaro. Él "... se estremeció en espíritu y se conmovió" (11:33); "Jesús lloró" (v.35); estuvo "profundamente conmovido otra vez" (v.38); y, al mandarle a un hombre muerto que se levante, "clamó a gran voz" (v. 43).

Jesús no estaba simplemente afligido por la muerte de Su amigo ni por que los amigos y familiares de Lázaro también estuvieran afligidos. Por supuesto que Jesús expresó tristeza aquí, pero es más que eso. El término "conmovido", usado dos veces en el relato, se entiende mejor como que Jesús estuvo "indignado"; no solo estaba triste, sino enojado con lo que sucedía.

Algunos académicos han sugerido que Jesús estaba enojado con la enfermedad misma, junto con el pecado y la muerte en la experiencia humana, y cómo estas cosas causan tanto dolor. Otros sugieren que Jesús se enojó por que las expresiones de duelo habían llegado a la incredulidad —que las personas estaban afligidas como si no hubiera esperanza de resurrección (véase 1 Tes. 4:13), porque el duelo de las personas exponía una falta de fe.

Quizás fueron ambas cosas. Quizás Jesús estaba indignado por el hecho de que el pecado y la enfermedad han hecho cautiva a la humanidad de la muerte y estaba enojado específicamente por el pecado de incredulidad en el poder resucitador de Dios.

Prueben y vean

"Digo, pues: Andad en el Espíritu, y no satisfagáis los deseos de la carne. Porque el deseo de la carne es contra el Espíritu, y el del Espíritu es contra la carne; y estos se oponen entre sí, para que no hagáis lo que quisiereis. Pero si sois guiados por el Espíritu, no estáis bajo la ley. Y manifiestas son las obras de la carne, que son: adulterio, fornicación, inmundicia, lascivia, idolatría, hechicerías, enemistades, pleitos, celos, iras, contiendas, disensiones, herejías, envidias, homicidios, borracheras, orgías, y cosas semejantes a estas; acerca de las cuales os amonesto, como ya os lo he dicho antes, que los que practican tales cosas no heredarán el reino de Dios. Mas el fruto del Espíritu es amor, gozo, paz, paciencia, benignidad, bondad, fe, mansedumbre, templanza; contra tales cosas no hay ley. Pero los que son de Cristo han crucificado la carne con sus pasiones y deseos".
Gálatas 5:16–24

"Prueben y vean que el SEÑOR es bueno;
dichosos los que se refugian en él".
Salmos 34:8 (NVI)

Creer en Dios y en lo que dice sobre el pecado significa renunciar a lo que Él determina deshonroso y turbio. También significa acoger nuestras vidas en Cristo junto con las cosas que Él dice que son buenas —cosas como la autenticidad dentro de nuestras comunidades dadas por Dios y el "fruto" que Él produce en nuestros corazones.

En ese sentido, Pedro animó a sus lectores a crecer en la fe como bebés. Por supuesto, no quiso que los cristianos fuéramos *inmaduros*, sino *inocentes*. O, mejor dicho, que fuéramos como los niños que quieren crecer. "Deseen con ansias la leche espiritual pura, como niños recién nacidos. Así, por medio de ella, crecerán en su salvación" (1 Pe. 2:2 NVI). Y la Palabra de Dios, que da vida y la sustenta, es la fuente de esa leche espiritual pura. Ciertamente, leer, oír y estudiar la Biblia permite nuestro crecimiento en la fe.

Pero recuerda que el crecimiento espiritual se refiere a la dirección, no a la perfección. Porque, aunque estemos de acuerdo con Dios sobre nuestro pecado, seguimos luchando de este lado de la eternidad. Como dijo Pablo:

> Y yo sé que en mí, esto es, en mi carne, no mora el bien; porque el querer el bien está en mí, pero no el hacerlo. Porque no hago el bien que quiero, sino el mal que no quiero, eso hago. Y si hago lo que no quiero, ya no lo hago yo, sino el pecado que mora en mí.

> Así que, queriendo yo hacer el bien, hallo esta ley: que el mal está en mí. Porque según el hombre interior, me deleito en la ley de Dios; pero veo otra ley en mis miembros, que se rebela contra la ley de mi mente, y que me lleva cautivo a la ley del pecado que está en mis miembros. ¡Miserable de mí! ¿quién me librará de este cuerpo de muerte? Gracias doy a Dios, por Jesucristo Señor nuestro" (Rom. 7:18–25a).

Así como Pedro (y Pablo, quien escribió el libro de Romanos en el NT), debemos constantemente decidir desechar lo que nos contamina. Debemos permanecer honestos con nosotros mismos y con nuestros seres queridos, reconociendo que aún somos propensos al pecado. Y debemos acoger la bondad espiritual y el crecimiento **dada la bondad de Dios para nosotros.** De hecho, el fiel apóstol instruyó a sus lectores a *desear* el crecimiento porque han "gustado la benignidad del Señor" (1 Pe. 2:3).

Experimentar la bondad del Señor —Su gracia, Su perdón, Su poder sanador y Su amor inquebrantable (por mencionar algunos ejemplos)— nos anima a buscar Su Palabra para *escuchar más de Él*, dedicar tiempo a la oración para *ser guiados más por Él*, profundizar en nuestra relación con Él así como con quienes Él puso en nuestras vidas para *ser más obedientes a Él*. Y, como resultado de esa obediencia, gustamos y vemos Su bondad una y otra vez en nuestras vidas.

Y ¿quién no quiere *más* de lo que es bueno?

Para nerds bíblicos (como nosotros) que quieren saber

Pedro describió en mayor detalle el amor entre hermanos (incluido el amor entre hermanas ☺) en 1 Pedro 3:8–12, donde cita el salmo 34:12–16 sobre ver los días buenos como resultado de la vida obediente:

"Finalmente, sed todos de un mismo sentir, compasivos, amándoos fraternalmente, misericordiosos, amigables; no devolviendo mal por mal, ni maldición por maldición, sino por el contrario, bendiciendo, sabiendo que fuisteis llamados para que heredaseis bendición. Porque: El que quiere amar la vida y ver días buenos, refrene su lengua de mal, y sus labios no hablen engaño; apártese del mal, y haga el bien; busque la paz, y sígala. Porque los ojos del Señor están sobre los justos, y sus oídos atentos a sus oraciones; pero el rostro del Señor está contra aquellos que hacen el mal".

Tu turno

5. ¿Cuáles cosas buenas has experimentado del Señor?

6. La respuesta de Pablo a su pecado en Romanos 7:24–25 tuvo dos partes:

   a. Reconoció su inclinación hacia el pecado: "¡Miserable de mí! ¿quién me librará de este cuerpo de muerte?".

   b. Alabó a Dios por salvarlo del pecado: "Gracias doy a Dios, por Jesucristo Señor nuestro".

¿De qué maneras estas declaraciones te animan a permanecer dedicado al crecimiento en la fe y en tu relación con Jesús?

Para nerds bíblicos (como nosotros) que quieren saber

La conocida historia de Lázaro registrada en el capítulo 11 del Evangelio de Juan menciona que cada una de las hermanas —Marta y María (un nombre común en aquella época)— le dijo a Jesús "Señor, si hubieses estado aquí, mi hermano no habría muerto" (vv. 21, 32).

Parece que, aunque ambas tuvieron fe en que Jesús podía sanar a los enfermos, ninguna estuvo lista para una resurrección de los muertos. Marta sí creía en una resurrección futura, al final de los tiempos. Cuando Jesús dijo "Tu hermano resucitará", ella declaró "Yo sé que resucitará en la resurrección, en el día postrero" (vv. 23–24). Jesús confirmó su expresión de fe: "Yo soy la resurrección y la vida; el que cree en mí, aunque esté muerto, vivirá. Y todo aquel que vive y cree en mí, no morirá eternamente" (vv. 25–26).

Pero ¡Él pretendía dar un adelanto de ese poder resucitador al levantar a Lázaro de los muertos ese mismo día! Esto significa que su sufrimiento fue superado por lo que es bueno —lo que es mucho mejor— que Dios estaba haciendo en y mediante el dolor.

7. ¿Qué cambios puedes hacer hoy para crecer más, para experimentar más de la bondad de Dios?

Dedicación

"Así que, hermanos, os ruego por las misericordias de Dios, que presentéis vuestros cuerpos en sacrificio vivo, santo, agradable a Dios, que es vuestro culto racional. No os conforméis a este siglo, sino transformaos por medio de la renovación de vuestro entendimiento, para que comprobéis cuál sea la buena voluntad de Dios, agradable y perfecta".

Romanos 12:1–2

Este mundo está lleno de quebranto, adversidad, pruebas, dolor e incluso muerte. Pero también está lleno de la bondad de Dios porque Su presencia, poder y planes para cada uno de nosotros permanecen firmes en su lugar. Él obra en y a través de nuestro sufrimiento para limpiarnos de lo que nos contamina y hacer crecer nuestra fe, junto con nuestra capacidad de soportar las pruebas. Él enseña a nuestros corazones a esperar la eternidad en el cielo, así como a alabarlo a Él mientras esperamos que comience. Está completamente dedicado a cuidar de quienes seguimos a Jesús, y es por eso que debemos dedicarnos completamente a Él en respuesta. Ciertamente, todas las cosas que hacemos, todas las palabras que decimos y todos los momentos que pasamos de este lado del cielo deberían ser "en el nombre del Señor Jesús, dando gracias a Dios Padre por medio de él" (Col. 3:17).

¿Por qué? ¡Porque Él es bueno! Y porque queremos más de Su bondad. Y porque le creemos cuando nos dice que la obediencia dedicada a Él es el camino para experimentar más de esa bondad. Y porque, mediante las pruebas y, sí, el sufrimiento, hemos entendido que Su voluntad y caminos son buenos, agradables y perfectos.

Así como lo dijo.

"Estas cosas os he hablado para que en mí tengáis paz. En el mundo tendréis aflicción; pero confiad, yo he vencido al mundo" (Jn. 16:33).

Tu turno

8. ¿De qué maneras el pecado o el sufrimiento en tu vida han sido superados por la obediencia al Señor y por Su bondad que fluye a través de ella?

Enfoque de la oración:

Alaba a Jesús por ser tu purificación espiritual permanente. Agradécele por tu comunidad de creyentes y por la oportunidad de amar a otros así como Dios te ha amado. Pídele valentía y fuerza para obedecer más y más, y oportunidades para probar y ver que la obediencia vale el sacrificio que requiere.

Propuesta de oración

Jehová, a ti he clamado; apresúrate a mí; escucha mi voz cuando te invocare. Suba mi oración delante de ti como el incienso, el don de mis manos como la ofrenda de la tarde. Pon guarda a mi boca, oh Jehová; guarda la puerta de mis labios. No dejes que se incline mi corazón a cosa mala, a hacer obras impías con los que hacen iniquidad; y no coma yo de sus deleites. Que el justo me castigue, será un favor, y que me reprenda será un excelente bálsamo que no me herirá la cabeza; pero mi oración será continuamente contra las maldades de aquellos. Serán despeñados sus jueces, y oirán mis palabras, que son verdaderas. Como quien hiende y rompe la tierra, son esparcidos nuestros huesos a la boca del Seol. Por tanto, a ti, oh Jehová, Señor, miran mis ojos; en ti he confiado; no desampares mi alma. Guárdame de los lazos que me han tendido, y de las trampas de los que hacen iniquidad. Caigan los impíos a una en sus redes, mientras yo pasaré adelante.

Salmos 141

INT. MACIZO DE LA SAINTE BAUME. CUEVA - NOCHE

(De vuelta en el año 60 d.C., la anciana María Magdalena recoge algo nerviosa los fragmentos de sus notas sobre el escritorio. Mateo se acomoda en una silla cercana. Mientras ella ordena sus notas...).

MAGDALENA: Entre más leía las canciones de David, más sentía la necesidad de escribir mi propia canción. Por favor ten en mente que, sea lo que vaya a ser esto, aún no está completo.

MATEO: Sigue siendo inusual que compartas tus pensamientos. Las veces que lo has hecho, me has llenado de gratitud.

(Ella reconoce esto amablemente, pero no dice nada. El viento exterior gime y sopla. Finalmente, ella comienza).

MAGDALENA: La oscuridad no es la ausencia de la luz. Eso sería demasiado simple. Es indomable y siniestra. No es un lugar, sino un vacío. Una vez estuve ahí. Más de una vez. Y, aunque no podía verte ni oírte, estuviste ahí a la espera.

(Vemos una serie de escenas del presente, de cómo se difunden las noticias del último milagro de Jesús. El salmo de la anciana María se escucha encima de todo).

CASA DE LÁZARO - NOCHE

(Lázaro aprieta los mojados linos fúnebres con las manos y piensa a la luz de una vela).

MAGDALENA: Porque la oscuridad no es oscura para Ti. Al menos, no siempre.

CASA DE ARNÁN - NOCHE

(Arnán sube deprisa las escaleras a la habitación de Yussif y lo despierta).

MAGDALENA: Lloraste, no porque Tu amigo hubiera muerto, sino porque Tú morirías pronto...

CASA DE SHMUEL - NOCHE

(Golpes a la puerta despiertan a Shmuel. Así como en la temporada 3, le abre la puerta a un joven fariseo).

MAGDALENA: ... y porque no podíamos entenderlo, o no queríamos, o ambas.

CASA DE SHAMMAI - NOCHE

(Un saduceo golpea la puerta de una casa enorme hasta que le abren; Shammai viste una bata de dormir y lleva una vela. Su mirada de molestia desaparece en cuanto reconoce la apariencia del saduceo).

MAGDALENA: La oscuridad que se acercaba era demasiado profunda para nuestra comprensión, pero también la luz. Una debía preceder a la otra.

CASA DE LÁZARO. OFICINA

(María de Betania [a quien llamaremos MARÍA B] entra a la oficina de Lázaro con una llave dorada, abre una caja fuerte y toma trescientos denarios).

MAGDALENA: Siempre fue así contigo. Lo sigue siendo. Cayeron lágrimas de Tus ojos y de los nuestros antes de que la luz de todo el mundo se extinguiera, y hasta el tiempo mismo quiso morir contigo.

CASA DE LÁZARO. HABITACIONES PARA HUÉSPEDES

(En uno de los cuartos, Pedro termina de limpiar y revestir la herida en la cabeza de Santiago el Mayor, y lo ayuda a acostarse en su cama con cuidado).

MAGDALENA: A veces vuelvo a ese lugar. O, más bien, el lugar vuelve a mí sin invitación...

(Al otro lado de la habitación, Santiago el Menor lucha por encontrar una posición cómoda. Simón Z apaga las luces en la habitación una por una).

MAGDALENA: ... la noche que fue eterna hasta que dejó de serlo; amarga, y luego dulce, aunque de alguna manera la amargura permaneció en la dulzura y nunca se fue.

(Sentado sobre su cama, Tomás observa el reloj de sol que le dio a Ramah; lo quiere romper en mil pedazos).

MAGDALENA: Nos diste a entender que así serían las cosas, no con Tus palabras, sino con Tu forma de vivir —Hombre de Dolores, conocedor del sufrimiento.

(Juan, observando a Tomás, apaga su vela; luego Simón Z sopla la última y quedan en oscuridad).

MAGDALENA: Ese sufrimiento no era lo que queríamos ver, así que volteamos nuestra mirada y, al hacerlo, confirmamos Tu mismísima esencia: "el hombre al que todos evitaban mirar".

CASA DE LÁZARO. HABITACIÓN DE MUJERES

(Tamar está sentada sobre la cama. Magdalena camina hacia la ventana y apaga una vela, la última por esa noche. Pero algo en el suelo afuera de su ventana capta su atención. Es Jesús, quien observa el cántaro roto que Tomás destrozó junto al pozo).

MAGDALENA: Pero pronto no pudimos evitar mirarte, al igual que no se puede evitar que el sol salga o se ponga.

CASA DE LÁZARO. HABITACIÓN

(Jesús une dos de los pedazos rotos como si fueran piezas de un rompecabezas, pero no sucede ningún milagro que las una mágicamente. Permanecen separadas. Baja las manos, pensando en los días que vendrán).

MAGDALENA: Recuerdo cuando deseabas que hubiera otra forma, y en retrospectiva yo también lo hubiera deseado.

TUMBA DE LÁZARO - NOCHE

(Acercamiento lento al vacío oscuro de la tumba de Lázaro...).

MAGDALENA: Sigo sin entender por qué tiene que ser así —amargura mezclada a menudo con dulzura. Tal vez nunca lo entienda. Al menos no de este lado.

(Cuando el vacío de la tumba ocupa la toma por completo, se corta a negro, como si se hubiera ido la luz. Se produce un largo silencio. Finalmente...).

CRÉDITOS FINALES

"Acercándoos a
él, piedra viva, desechada
ciertamente por los hombres, mas para
Dios escogida y preciosa, vosotros también, como
piedras vivas, sed edificados como casa espiritual
y sacerdocio santo, para ofrecer sacrificios espirituales
aceptables a Dios por medio de Jesucristo. Por lo cual también
contiene la Escritura: He aquí, pongo en Sion la principal piedra
del ángulo, escogida, preciosa; y el que creyere en él, no será
avergonzado. Para vosotros, pues, los que creéis, él es precioso;
pero para los que no creen, la piedra que los edificadores
desecharon, ha venido a ser la cabeza del ángulo; y: Piedra
de tropiezo, y roca que hace caer, porque tropiezan
en la palabra, siendo desobedientes; a lo
cual fueron también destinados".

1 Pedro 2:4–8

Lección 8

La resistencia es superada
AL RECIBIR

BETANIA. BOTICARIO

(Una perfumista le muestra a María B una variedad de aceites esenciales).

PERFUMISTA: "Caleta"; así se llama este. Tres partes de mirra, dos partes de casia. Perfecto para quemarlo y purificar una casa. Diez dinares.

(María B huele la ampolleta con dulzura y niega con la cabeza).

PERFUMISTA (CONT.): Y este se llama "Cleopatra". Cuatro partes de ciprés, con una parte de mirto y aceite de rosas. Fabuloso para la piel y el pelo. Quince dinares — calidad superior.

MARÍA B: Hmm. No es de suficiente calidad.

PERFUMISTA: ¿Disculpa?

MARÍA B: Quiero ver los aceites que no están a la venta. Sé que los tienes. He asistido a muchos banquetes de gente adinerada.

PERFUMISTA: Solo se los muestro a mis clientes más leales cuya liquidez me consta.

En la época del Antiguo Testamento, solo los sacerdotes israelitas podían acercarse a Dios directamente para ofrecer sacrificios de alabanza en nombre del pueblo. Pero ahora, gracias al mayor sacrificio de Jesús en nuestro nombre, Él hace a todo el pueblo de Dios un "real sacerdocio" capaz de acercarse a Dios directamente. Como comenta Pedro, nuestros sacrificios espirituales son "aceptables a Dios por medio de Jesucristo".

Ciertamente todos los creyentes no solo pueden mirar a Jesús, sino venir ante Jesús. ¡Y quienes desean crecer en su fe "alimentándose" de la Palabra de Dios lo pueden hacer! No necesitamos un intermediario.

(María B deja caer una bolsa de terciopelo con monedas sobre la mesa. La perfumista mira en su interior. Está impresionada, pero se esfuerza por ocultarlo. Finalmente...).

PERFUMISTA (CONT.): Quédate aquí.

(La perfumista desaparece tras una cortina por un momento. Regresa con algo envuelto en seda).

PERFUMISTA (CONT.): Derivado de una exótica variedad de madreselva en flor, en lo más alto de las montañas de Nepal. Se usa para ungir reyes en China y en India. Viene en esta exquisita vasija de alabastro que lo protege de los cambios de temperatura. Aceite puro de espicanardo.

(La perfumista revela la vasija de alabastro. Se pone un guante de terciopelo, destapa la vasija con cuidado e introduce un palo de muestra con delicadeza. Remueve el exceso de perfume con la tapa para que no gotee, y lleva el palo de muestra a la nariz de María B con su mano enguantada. María B alza las cejas, realmente impresionada y un poco abrumada por el aroma).

PERFUMISTA (CONT.): ¿Cuántas onzas vas a querer?

MARÍA B: La vasija entera.

PERFUMISTA *(riéndose)*: Vaya, qué encantadora, querida. Pero, ya, en serio, ¿cuántas quieres? ¿Una y media, quizás?

MARÍA B *(dejando caer otra bolsa con monedas sobre la mesa)*: Dije la vasija entera.

PERFUMISTA *(sorprendida y desconcertada)*: No. No es posible. Esta vasija cuesta más de medio año de salario, y la necesito disponible para satisfacer a mis clientes más ricos. Me tomaría varios meses obtener otra vasija y es...

MARÍA B: Escúchame muy bien. Esto es para el más importante rey que el mundo ha conocido. *(Agrega una última bolsa con monedas).* Te doy trescientos dinares. El salario de todo un año.

(La perfumista está atónita. María B simplemente toma la vasija y la envuelve en la seda).

MARÍA B (CONT.): Puedes tomarte el resto del año libre.

(María B se va con la vasija, y deja a la perfumista sin palabras).

Sin vergüenza

Como este estudio bíblico y nuestras propias historias de vida revelan, seguir a Jesús no resulta en comodidad y felicidad terrenales. Al contrario, nuestro líder voluntariamente caminó hacia la cruz y rindió Su vida para salvar la nuestra. Se entregó al Padre y voluntariamente recibió todo lo que implicó Su sumisión. De hecho, abrazó el dolor porque sabía qué había del otro lado.

Nuestra redención. Nuestra libertad. Nuestra eternidad con Él en el cielo.

Sin embargo, con demasiada frecuencia suponemos que el favor de Dios resultará en la reducción (o prevención total) del dolor. Pensamos que ser elegidos asegura que nuestras vidas terrenales saldrán bien. Pensamos que ser parte del reino de Dios nos permitirá esquivar los males terrenales como la injusticia, el quebranto, la tristeza, la enfermedad, la soledad... aunque Jesús experimentó cada una de esas cosas al mayor grado posible.

Pedro lo llamó la "piedra que los edificadores rechazaron". Pero también lo llamó la "principal piedra del ángulo, escogida, preciosa" y declaró que "el que creyere en Él, no será avergonzado".

Tú no serás avergonzado.

Tú no serás avergonzado.

Tú no serás avergonzado.

"Por eso me ama el Padre, porque yo pongo mi vida, para volverla a tomar. Nadie me la quita, sino que yo de mí mismo la pongo. Tengo poder para ponerla, y tengo poder para volverla a tomar. Este mandamiento recibí de mi Padre".
Juan 10:17–18

"Pues para esto fuisteis llamados; porque también Cristo padeció por nosotros, dejándonos ejemplo, para que sigáis sus pisadas; el cual no hizo pecado, ni se halló engaño en su boca; quien cuando le maldecían, no respondía con maldición; cuando padecía, no amenazaba, sino encomendaba la causa al que juzga justamente; quien llevó él mismo nuestros pecados en su cuerpo sobre el madero, para que nosotros, estando muertos a los pecados, vivamos a la justicia; y por cuya herida fuisteis sanados. Porque vosotros erais como ovejas descarriadas, pero ahora habéis vuelto al Pastor y Obispo de vuestras almas".
1 Pedro 2:21–25

"Mas él herido fue por nuestras rebeliones, molido por nuestros pecados; el castigo de nuestra paz fue sobre él, y por su llaga fuimos nosotros curados".
Isaías 53:5

"Y comenzó a enseñarles que le era necesario al Hijo del Hombre padecer mucho, y ser desechado por los ancianos, por los principales sacerdotes y por los escribas, y ser muerto, y resucitar después de tres días".
Marcos 8:31

"Así que, entonces tomó Pilato a Jesús, y le azotó. Y los soldados entretejieron una corona de espinas, y la pusieron sobre su cabeza, y le vistieron con un manto de púrpura; y le decían: ¡Salve, Rey de los judíos! y le daban de bofetadas. Entonces Pilato salió otra vez, y les dijo: Mirad, os lo traigo fuera, para que entendáis que ningún delito hallo en él. Y salió Jesús, llevando la corona de espinas y el manto de púrpura. Y Pilato les dijo: ¡He aquí el hombre! Cuando le vieron los principales sacerdotes y los alguaciles, dieron voces, diciendo: ¡Crucifícale! ¡Crucifícale!".
Juan 19:1–6a

Flagelación romana:
golpear con látigos con tiras de cuero que tenían pequeños pedazos de metal o hueso en las puntas con el fin de rasgar la piel.

Crucificar:
pena capital en la cual se clavaba a la víctima a una cruz o un gran poste de madera donde colgaba hasta eventualmente morir.

"Y Cristo, en los días de su carne, ofreciendo ruegos y súplicas con gran clamor y lágrimas al que le podía librar de la muerte, fue oído a causa de su temor reverente. Y aunque era Hijo, por lo que padeció aprendió la obediencia".
Hebreos 5:7–8

Tu turno

1. Tómate un momento para contemplar todas las maneras en que Jesús sufrió mientras vivía en la tierra, usando los versículos al margen. ¿Qué es lo que más te impacta sobre las adversidades que enfrentó?

Vindicado

Si sigues a Jesús, eres como una piedra viva con la que se construye una casa de adoración:

"Así que ya no sois extranjeros ni advenedizos, sino conciudadanos de los santos, y miembros de la familia de Dios, edificados sobre el fundamento de los apóstoles y profetas, siendo la principal piedra del ángulo Jesucristo mismo, en quien todo el edificio, bien coordinado, va creciendo para ser un templo santo en el Señor; en quien vosotros también sois juntamente edificados para morada de Dios en el Espíritu" (Ef. 2:19–22).

Si sigues a Jesús, vas para el cielo, donde el dolor y el sufrimiento no existirán más:

"Y oí una gran voz del cielo que decía: He aquí el tabernáculo de Dios con los hombres, y él morará con ellos; y ellos serán su pueblo, y Dios mismo estará con ellos como su Dios. Enjugará Dios toda lágrima de los ojos de ellos; y ya no habrá muerte, ni habrá más llanto, ni clamor, ni dolor; porque las primeras cosas pasaron" (Ap. 21:3–4).

Si sigues a Jesús, tu fe en Él pronto verá su cumplimiento:

"Porque en parte conocemos, y en parte profetizamos; mas cuando venga lo perfecto, entonces lo que es en parte se acabará. Cuando yo era niño, hablaba como niño, pensaba como niño, juzgaba como niño; mas cuando ya fui hombre, dejé lo que era de niño. Ahora vemos por espejo, oscuramente; mas entonces veremos cara a cara. Ahora conozco en parte; pero entonces conoceré como fui conocido" (1 Cor. 13:9–12).

Si obedeces a Jesús, tu fidelidad será recompensada:

"Bienaventurados sois cuando por mi causa os vituperen y os persigan, y digan toda clase de mal contra vosotros, mintiendo. Gozaos y alegraos, porque vuestro galardón es grande en los cielos; porque así persiguieron a los profetas que fueron antes de vosotros" (Mt. 5:11–12).

Para nerds bíblicos (como nosotros) que quieren saber

Quizás no sorprenda que Pedro —cuyo nombre significa "piedra"— dedique una sección de su carta a las piedras. Se refirió a Jesús como una "piedra viva, desechada ciertamente por los hombres, mas para Dios escogida y preciosa" (1 Pe. 2:4) y a los creyentes como "piedras vivas, [edificadas] como casa espiritual" (v. 5). Es decir, la devoción personal de los seguidores individuales de Jesús resulta en una comunidad que se edifica en conjunto como un lugar de adoración.

Los cristianos en crecimiento crecen juntos.

En 1 Pedro 2:4–8, el apóstol citó varios pasajes del Antiguo Testamento que también utilizan la metáfora del edificio y del uso de piedras. En Isaías 28:16, Dios anunció Su venidera obra de salvación: "… Jehová el Señor dice así: He aquí que yo he puesto en Sion por fundamento una piedra, piedra probada, angular, preciosa, de cimiento estable; el que creyere, no se apresure".

Pedro parafraseó este versículo e identificó a Jesús como la salvación de Dios, y reiteró que quienes crean no serán avergonzados.

Pero, mientras Isaías 28 se refiere a buenas noticias para los que creen en Jesús como la piedra angular, Pedro prosiguió a citar el salmo 118:22 y las malas noticias para quienes *no* creen: "La piedra que desecharon los edificadores ha venido a ser cabeza del ángulo".

Si te rindes ante Jesús, para siempre serás parte de Su reino, el cual no fallará, ni caerá, ni terminará:

"Y ahora, concebirás en tu vientre, y darás a luz un hijo, y llamarás su nombre Jesús. Este será grande, y será llamado Hijo del Altísimo; y el Señor Dios le dará el trono de David su padre; y reinará sobre la casa de Jacob para siempre, y su reino no tendrá fin" (Lc. 1:31–33).

Y, algún día pronto, este mundo caído será total y completamente superado por uno nuevo que Jesús promete traer consigo cuando regrese:

"Vi un cielo nuevo y una tierra nueva; porque el primer cielo y la primera tierra pasaron, y el mar ya no existía más. Y yo Juan vi la santa ciudad, la nueva Jerusalén, descender del cielo, de Dios, dispuesta como una esposa ataviada para su marido. [...] Y el que estaba sentado en el trono dijo: He aquí, yo hago nuevas todas las cosas. Y me dijo: Escribe; porque estas palabras son fieles y verdaderas. Y me dijo: Hecho está. Yo soy el Alfa y la Omega, el principio y el fin. Al que tuviere sed, yo le daré gratuitamente de la fuente del agua de la vida. El que venciere heredará todas las cosas, y yo seré su Dios, y él será mi hijo. [...] Después me mostró un río limpio de agua de vida, resplandeciente como cristal, que salía del trono de Dios y del Cordero. En medio de la calle de la ciudad, y a uno y otro lado del río, estaba el árbol de la vida, que produce doce frutos, dando cada mes su fruto; y las hojas del árbol eran para la sanidad de las naciones. Y no habrá más maldición; y el trono de Dios y del Cordero estará en ella, y sus siervos le servirán, y verán su rostro, y su nombre estará en sus frentes. No habrá allí más noche; y no tienen necesidad de luz de lámpara, ni de luz del sol, porque Dios el Señor los iluminará; y reinarán por los siglos de los siglos" (Ap. 21:1–2, 5–7; 22:1–5).

Esto significa que no serás avergonzado:

"En lo cual vosotros os alegráis, aunque ahora por un poco de tiempo, si es necesario, tengáis que ser afligidos en diversas pruebas, para que sometida a prueba vuestra fe, mucho más preciosa que el oro, el cual aunque perecedero se prueba con fuego, sea hallada en alabanza, gloria y honra cuando sea manifestado Jesucristo" (1 Pe. 1:6–7).

Y así volvemos al principio.

Tu turno

2. ¿Cómo influye la esperanza del cielo en tu sentir respecto a tus circunstancias actuales?

3. ¿Cómo le aporta la esperanza del cielo estabilidad, dignidad y propósito a tu vida, independientemente de tus circunstancias?

4. ¿Cómo debería cambiar la esperanza del cielo tus prioridades mientras soportas tus circunstancias?

Todas las cosas

"Y sabemos que a los que aman a Dios, todas las cosas les ayudan a bien, esto es, a los que conforme a su propósito son llamados".

Romanos 8:28

Desilusionado: estar decepcionado de algo o alguien que resulta ser menos "bueno" de lo que pensábamos que sería.

Nuestra tendencia humana es resistir el sufrimiento: verlo como algo malo, culpar a Dios por nuestro sufrimiento o desilusionarnos por las cosas que Él permite en nuestras vidas, retorcernos de frustración, fijarnos en lo que no tenemos, afligirnos sin esperanza, alejarnos de Aquel que nos quiere consolar, ayudar, sanar y transformar.

Pero, en cuanto a las adversidades, quizás estamos respondiendo de modo equivocado.

Jesús no se resistió a la cruz. Ni, por cierto, a cualquier otra prueba antes de ella:

"... No había en él belleza ni majestad alguna; su aspecto no era atractivo y nada en su apariencia lo hacía deseable. Despreciado y rechazado por los hombres, varón de dolores, habituado al sufrimiento. Todos evitaban mirarlo; fue despreciado y no lo estimamos. Ciertamente él cargó con nuestras enfermedades y soportó nuestros dolores, pero nosotros lo consideramos herido, golpeado por Dios y humillado. Él fue traspasado por nuestras rebeliones y molido por nuestras iniquidades. Sobre él recayó el castigo, precio de nuestra paz y gracias a sus heridas fuimos sanados" (Is. 53:2–5 NVI).

Ciertamente Cristo se sometió voluntariamente al plan de Dios para la salvación de la humanidad, sabiendo que todo sería usado para nuestro bien y para Su gloria —porque Dios es fiel y *no puede ser otra cosa más que* bueno, amoroso, decidido, soberano, presente, perfecto en sabiduría y totalmente comprometido con nuestra santificación.

Y te ama.

Y te ve.

Y te apoya.

Y te tiene en la palma de Su mano y en el centro de Su voluntad.

Ojalá lo creyéramos todo y descansáramos en la sabiduría de Dios, rindiéndonos a Su voluntad y recibiendo lo que tiene para nosotros, ahora y para la eternidad.

Tu turno

5. ¿De qué maneras te sigues resistiendo al sufrimiento?

6. Vuelve a leer Romanos 8:28. ¿Qué bien has visto surgir como resultado de tus propios sufrimientos, ya sea ahora o en el pasado?

Para nerds bíblicos (como nosotros) que quieren saber

A diferencia de los escritores modernos, los autores antiguos como Pedro no dudaban en usar metáforas mixtas. En la carta de Pedro, pasó de metáforas sobre comer (alimento espiritual y probar) a una metáfora de edificios (piedras para construir). Es decir, quienes siguen a Jesús son como piedras vivas usadas para construir una casa de adoración cuya piedra angular es Cristo. Claro, en las construcciones antiguas, la piedra angular era el punto más vital y necesario en el fundamento de una estructura para medir, nivelar, erigir y asegurar el resto del edificio.

Así, Jesús es la piedra angular sobre la cual toda la casa de Dios se eleva en conjunto.

También es el Cordero. En Mateo 25:31–46, Jesús dijo que quienes lo siguen son como ovejas, y explicó cómo separará a quienes creyeron en verdad ("las ovejas") de quienes simplemente dijeron creer pero no fueron transformados ("las cabras").

También es el agua viva.

"… el que bebiere del agua que yo le daré, no tendrá sed jamás; sino que el agua que yo le daré será en él una fuente de agua que salte para vida eterna" (Jn. 4:14).

También es el pan de vida.

"Jesús les dijo: Yo soy el pan de vida; el que a mí viene, nunca tendrá hambre; y el que en mí cree, no tendrá sed jamás" (Jn. 6:35).

También es la luz del mundo.

Jesús dijo "Yo soy la luz del mundo; el que me sigue, no andará en tinieblas, sino que tendrá la luz de la vida" (Jn. 8:12).

7. ¿Cómo podrías comenzar a rendirte ante Dios y recibir *todo* lo que Él tiene para ti?

Recibe

"Por tanto, también nosotros que estamos rodeados de una nube tan grande de testigos, despojémonos de todo peso y del pecado que nos asedia y corramos con perseverancia la carrera que tenemos por delante. Fijemos la mirada en Jesús, el iniciador y perfeccionador de nuestra fe, quien por el gozo que le esperaba, soportó la cruz, menospreciando la vergüenza que ella significaba, y ahora está sentado a la derecha del trono de Dios. Así, pues, consideren a aquel que perseveró frente a tanta oposición por parte de los pecadores, para que no se cansen ni pierdan el ánimo".

Hebreos 12:1–3 (NVI)

Cuando el sufrimiento se observa a la luz de todo lo que Dios ha prometido y todo lo que fielmente hace, las cosas difíciles que experimentamos en la tierra pierden algo de su vigor e importancia, ¿no? Eso no significa que nuestro dolor no sea real. Lo es. De hecho, nadie entiende eso más que Jesús, "el iniciador y perfeccionador de nuestra fe".

Pero, ya que este mundo se desvanece como neblina (Stg. 4:14) y porque Dios es bueno y todos Sus planes son para el bien de quienes lo aman (Sal. 84:11), podemos decidirnos por recibir todo lo que tiene para nosotros mientras estemos aquí. Mientras hacemos eso, podemos confiar en que Él irá delante, detrás y al lado de nosotros (Dt. 31:8; Sal. 139:1–3); nos proveerá de paz y sabiduría más allá de nuestra capacidad o entendimiento (Fil. 4:6–7; Stg. 1:5); seguirá amándonos más allá de nuestra comprensión y en toda la plenitud para la que fuimos creados (Ef. 3:18–19).

Así como nuestro amado Salvador, y con miras al gozo que tenemos por delante, podemos soportar. Mientras tanto, podemos depender de Él para renovar nuestras fuerzas de modo que no nos cansemos ni nos desanimemos. Después de todo, la Piedra Angular nos ha establecido, y nuestro fundamento y futuro están seguros.

Él *es* nuestro gozo.

Tu turno

8. ¿De qué maneras la bondad del Señor supera tu sufrimiento?

Enfoque de la oración:

Alaba a Jesús por encomendarse al Padre, y por recibir el plan de Dios para Él voluntariamente. Agradécele por prometer que no serás avergonzado y que tu fe está bien fundada. Pídele Su paz que sobrepasa todo entendimiento, pídele más fe y valentía para recibir todo lo que Dios tiene para ti en la tierra, y pídele gozo.

Propuesta de oración

Alabad a Jehová, porque él es bueno; porque para siempre es su misericordia. Diga ahora Israel, que para siempre es su misericordia. Diga ahora la casa de Aarón, que para siempre es su misericordia. Digan ahora los que temen a Jehová, que para siempre es su misericordia. Desde la angustia invoqué a JAH, y me respondió JAH, poniéndome en lugar espacioso. Jehová está conmigo; no temeré lo que me pueda hacer el hombre. Jehová está conmigo entre los que me ayudan; por tanto, yo veré mi deseo en los que me aborrecen. Mejor es confiar en Jehová que confiar en el hombre. Mejor es confiar en Jehová que confiar en príncipes. [...] Te alabaré porque me has oído, y me fuiste por salvación. La piedra que desecharon los edificadores ha venido a ser cabeza del ángulo. De parte de Jehová es esto, y es cosa maravillosa a nuestros ojos. Este es el día que hizo Jehová; nos gozaremos y alegraremos en él. Oh Jehová, sálvanos ahora, te ruego; te ruego, oh Jehová, que nos hagas prosperar ahora. Bendito el que viene en el nombre de Jehová; desde la casa de Jehová os bendecimos. Jehová es Dios, y nos ha dado luz; atad víctimas con cuerdas a los cuernos del altar. Mi Dios eres tú, y te alabaré; Dios mío, te exaltaré. Alabad a Jehová, porque él es bueno; porque para siempre es su misericordia.

Salmos 118:1–9, 21–29

BETANIA. CASA DE LÁZARO. HABITACIÓN PRINCIPAL

(Se sirve la cena en casa de Lázaro, quien se inclina sobre la mesa con Jesús. Los discípulos, las mujeres y Zebedeo están todos ahí. La única persona que falta es María B).

PEDRO: Bueno, Lázaro, faltan seis días. ¿Ya elegiste al cordero?

LÁZARO: Sí, está en el patio. Solo falta realizar los ritos y meterlo. *(A Jesús:).* Cuando estás aquí, suelo ignorar todos mis deberes.

JESÚS: No, no estás ignorándolos. Es que tenemos que aprovechar el tiempo juntos.

(Hay un GOLPE a la puerta).

LÁZARO *(a Marta)*: ¿Esperamos a alguien?

MARTA *(de pie)*: Bueno, quién sabe dónde está María, pero ella no tocaría.

PEDRO: Bueno, prestemos atención a quién dejamos entrar.

LÁZARO: De acuerdo.

MARTA *(llegando a la puerta)*: ¡Arnán!

ARNÁN: Marta.

MARTA: Hay mejores circunstancias que la última vez que viniste a mi casa. Adelante.

ARNÁN: Gracias.

(Mientras entra con Shmuel y Yussif, Lázaro se levanta para saludarlos).

ARNÁN (CONT.): Lázaro. Rabí. Por favor, no quiero interrumpir. Traigo conmigo a unos miembros del Sanedrín.

JESÚS: Shmuel.

SHMUEL *(sorprendido y aliviado a la vez)*: ¿Tú te acuerdas de mí?

JESÚS: Claro que sí.

(Los discípulos se ven impactados. También lo recuerdan).

ARNÁN: Bueno, me alivia que no fue un grave error haberlo traído. Y a un nuevo miembro del Sanedrín. Él es mi...

TAMAR: Yussif.

(Todos la miran sorprendidos).

ANDRÉS *(a Jesús)*: Él nos advirtió en Jotapata de que había gente buscándote.

(Shmuel no sabía esto).

SHMUEL: Yo estaba buscándote.

JESÚS *(sonriendo)*: Bueno, me encontraste. Y los felicito a ambos por sus nombramientos. Lo mejor de Capernaúm. Por favor, siéntense.

(Los discípulos se apresuran por abrir lugares nuevos a la mesa).

JUDAS *(inclinándose hacia Pedro)*: Esta es una gran oportunidad para una alianza estratégica.

PEDRO *(escéptico)*: ¿Sí? No sé.

ARNÁN *(acomodándose)*: Rabí, tenemos razones para creer que hay un peligro inminente para Ti entre los más altos líderes del Templo.

JESÚS: No estaba esperando esto.

(Las tres visitas no saben qué decir).

JESÚS (CONT.): Es un chiste.

SHMUEL: Jesús de Nazaret, Tu situación se ha vuelto cuestión de vida o muerte.

JESÚS: Siempre ha sido así.

LÁZARO: Intentaron apedrearlo en el Templo.

YUSSIF: Nos referimos a que Tu fama ya sobrepasó la fama. No solo hay muchos seguidores, también hay mucho debate. Recientemente, gracias a él. *(Hace un gesto hacia Lázaro).*

LÁZARO: Ah, lo siento. Intentaré no volver a morir.

JESÚS: No, todo es parte del plan.

SHMUEL: ¿Tu ruina? ¿Eso es parte de Tu plan? Porque ahí se dirige esto.

JESÚS: ¿Es lo que vinieron a decirme?

SHMUEL *(componiéndose)*: Te llamaste el Hijo del Hombre.

PEDRO: Otra vez con esto...

SHMUEL: No estoy aquí para cuestionarlo ni para ofenderme esta vez. Estoy abierto.

JESÚS: Lo noté. Lo veo en tus ojos.

SHMUEL: Si eres quien dices que eres, ¿cuál es Tu plan? Toda la ciudad de Jerusalén espera con ansias que llegues para el Pésaj —algunos con brazos abiertos, otros con dagas. ¿Tienes un ejército del que no sabemos? Y, si eres… más que un rabí, no solo tendrás a Roma por derrocar, sino también a muchos líderes religiosos. No se van a unir a Tu misión.

JUDAS: Tal vez tú podrías ayudarlos a hacerlo. Y esta es la semana perfecta.

JESÚS: Rabí Shmuel, ¿qué te gustaría ver? Sin importar *quién* sea, ¿qué esperas tú de un Mesías?

SHMUEL: Quisiera recibir un nuevo reino davídico que expulse a nuestros opresores y restaure la justicia y la gloria de Israel.

JESÚS: Hmm. ¿Gloria?

SHMUEL: ¡Sí! En un trono glorioso con prosperidad para todos y una nueva edad de oro con Israel como luz de las naciones revelando a Dios ante todos los pueblos.

JESÚS: Y tú ¿qué harías cuando llegue ese día?

SHMUEL *(desconcertado)*: ¿Alabar? ¿Servir? Espero. ¿Cómo podría saberlo sin que llegue ese momento?

JESÚS: Te lo diré. Cuando el Hijo del Hombre venga en Su gloria con todos Sus ángeles, se sentará en Su trono glorioso.

(Shmuel asiente. Tiene sentido).

JESÚS (CONT.): Todas las naciones se reunirán delante de Él, y Él separará a unos de otros como separa el pastor las ovejas de las cabras. Pondrá las ovejas a Su derecha y las cabras a Su izquierda. Entonces dirá el Rey a los que estén a Su derecha: “Vengan, ustedes a quien Mi Padre ha bendecido. Reciban su herencia, el reino preparado para ustedes desde la creación del mundo. Porque tuve hambre y ustedes me dieron de comer, tuve sed y me dieron de beber, fui forastero y me dieron alojamiento, necesité ropa y me vistieron, estuve enfermo y me atendieron, estuve en la cárcel y me visitaron”. Y los justos le preguntarán: “Señor, ¿cuándo hicimos todo eso por Ti?”. Y el Rey les responderá: “Les aseguro que todo lo que hicieron por uno de mis hermanos, aun por el más pequeño, lo hicieron por Mí".

(Las miradas de sorpresa abundan. Shmuel se reacomoda).

JESÚS (CONT.): Luego dirá a los que estén a Su izquierda: "Apártense de Mí, porque tuve hambre y ustedes no me dieron nada de comer, tuve sed y no me dieron nada de beber, fui forastero y no me dieron alojamiento, necesité ropa y no me vistieron, estuve enfermo y en la cárcel y no me atendieron". Ellos también contestarán: "Señor, ¿cuándo te vimos hambriento o sediento o como forastero o necesitado de ropa, enfermo o en la cárcel y no te ayudamos?".

(Judas se ve preocupado).

JESÚS (CONT.): Él responderá: "Les aseguro que, todo lo que no hicieron por el más pequeño de mis hermanos, tampoco lo hicieron por Mí".

(Los presentes sienten diversos grados de asombro. Finalmente, Shmuel comienza...).

SHMUEL: Esta enseñanza es difícil.

JESÚS: No sé cómo hacerla más sencilla.

SHMUEL: El Hijo del Hombre, el Mesías, ¿se identifica con la gente más baja del pueblo? ¿Los hambrientos, los pobres, los extraños?

JESÚS: Es lo que he predicado desde la primera frase que dije en el monte.

SHMUEL: Pero ¿qué hay de lo que la Torá pide y las tradiciones que mantuvieron los ancestros?

JESÚS: El profeta Miqueas resumió estas demandas a lo más esencial, pero aun así lo ignoraron. "Él te ha mostrado, oh, mortal, lo que es bueno. Y ¿qué es lo que espera de ti el Señor? Practicar la justicia, amar la misericordia y que camines con humildad con tu Dios".

SHMUEL: Sí, pero ¿cómo armonizar esto con la última conclusión de Qohelet en el Ketuvim? "A final de cuentas, la conclusión es: Teme a Dios y guarda Sus mandamientos, porque este es el deber de todo hombre".

Qohelet = predicador.

Ketuvim = la colección de literatura que incluye a Eclesiastés.

JESÚS: Un mandamiento nuevo les doy, que se amen los unos a los otros tal como Yo los he amado.

(Voltea para dirigirse a todos los discípulos).

JESÚS (CONT.): Con esto todos sabrán que son Mis discípulos: si se aman los unos a los otros.

SHMUEL: ¿Qué hay del Templo, los sacrificios, la ley, las fiestas? ¿No es mantener todo eso lo que nos distingue como Su pueblo?

JESÚS: El Templo, los sacrificios, la ley y las festividades, todo se cumplirá en Mí.

SHMUEL: ¿Quieres que todo eso se cancele?

JESÚS: Dije que todo se cumpliría. No que lo cancelaría.

SHMUEL: No entiendo la diferencia.

JESÚS: Seguir las leyes es una respuesta al amor de Dios. Pero, ya que estoy aquí, no hay...

(La llegada de María de Betania, llorando y temblando, cargando la vasija de alabastro, los interrumpe. Nadie sabe qué hacer. Marta se le acerca).

MARTA *(en voz baja)*: ¿Qué es lo que pasa? Y ¿dónde estabas?

SHMUEL *(volteando hacia Jesús)*: ¿Qué decías sobre la ley?

(Todos los demás observan cómo María B se acerca a Jesús. Se arrodilla a Sus pies).

SHMUEL (CONT.): ¿Qué está pasando? ¿Quién es?

LÁZARO: Mi hermana, María.

(La vasija que María carga tiene un cuello delgado. Después de un momento, lo rompe sobre el suelo, desencadenando jadeos por toda la habitación).

MARTA: ¡María!

JUDAS *(olfateando)*: ¡Espicanardo!

LÁZARO: María, ¿qué estás haciendo?

(Su shock aumenta mientras ella, ignorando a todos, comienza a ungir los pies de Jesús, y vacía todo el contenido. La casa se llena de la fragancia, y algunos apenas pueden respirar; lagrimean de la potencia del aroma).

SHMUEL *(a Lázaro)*: ¿Permites que le toque Sus pies? Es degradante.

LÁZARO: ¿No escuchaste nada de lo que dijo el Maestro?

(El escándalo se intensifica entre todos cuando María se quita la cobertura de la cabeza).

SHMUEL: De acuerdo, ¡ya es suficiente! Jesús...

(Ella comienza a secar Sus pies con su propio cabello).

JESÚS: De nuevo, Shmuel. No hay una ley en la Torá que ordene que una mujer se cubra el pelo. Solo es una tradición.

SHMUEL: ¿La estás encomiando? ¿Excusándola?

YUSSIF: Shmuel, no conocemos a esta familia. No es asunto nuestro.

MARÍA B *(entre llantos)*: Bendito seas Tú, Rey del Universo, porque todo lo has hecho bien.

"Por lo cual también contiene la Escritura: He aquí, pongo en Sion la principal piedra del ángulo, escogida, preciosa; y el que creyere en él, no será avergonzado. Para vosotros, pues, los que creéis, él es precioso..."
1 Pedro 2:6–7

SHMUEL: Yussif, Arnán, vámonos.

ARNÁN: No. Rabí Shmuel, te entiendo, pero...

SHMUEL: ¡Está haciendo un acto inapropiado frente a todos, sin vergüenza! ¡Y Él lo permite mientras lo llama Dios! ¡No pueden saber que fuimos testigos y no hicimos nada!

YUSSIF: Dijiste que querías una investigación transparente. Escuchemos qué dice.

JUDAS *(tomando la vasija de alabastro, atónito, perdiendo la cordura)*: Es nardo puro, de la más alta calidad.

JESÚS: ¿Qué te atormenta, Judas?

JUDAS: ¿Por qué no lo vendimos por cientos de dinares?

SHMUEL: ¡Acabas de decirnos que cuidar de los pobres es como cuidar del Mesías!

JUDAS: ¡Sí! ¡Pudimos dárselo a los pobres! ¡Pudimos haberlo usado para herramientas, refugio, cosas necesarias! Pero esto es un desperdicio. *(A María B:)*. ¿Dónde conseguiste este dinero, María?

JESÚS: ¡Déjala en paz! Acaba de hacer algo hermoso por Mí. Porque los pobres siempre estarán con ustedes, y cuando quieran podrán hacerles el bien. Y no siempre me tendrán a Mí.

(Shmuel se ve indignado. María Madre se ve quebrantada).

JESÚS (CONT.): Hizo todo lo que pudo. Se adelantó a ungirme el cuerpo para la sepultura.

NATANAEL: ¿Sepultura?

JUDAS: ¿Qué significa?

PEDRO: ¡Shh! Déjalo acabar.

JESÚS: Y créanme, dondequiera que proclamen el Evangelio en el mundo entero, lo que ella hizo se contará en su memoria.

SHMUEL: Lo que Tu discípulo dijo es cierto. Este acto fue derrochador, inmodesto y contradice por completo todo lo que dijiste sobre los pobres y los necesitados.

LÁZARO: Ya dijo que siempre estarán con nosotros.

SHMUEL: La simple noción de que esta desgracia se pueda "proclamar por el mundo" como parte de Tu Evangelio cuando debería ser reprochada, repudiada y condenada... No puedo estar aquí con esta abominación.

ANDRÉS: Me suena a que ese es tu problema.

SHMUEL *(volviéndose a la puerta y señalando a Jesús)*: ¡Quería creer en Ti! ¡Vine a darte una oportunidad y lo arruinaste!

JESÚS *(compasivo)*: Lamento no haber podido ayudarte.

SHMUEL: Lamento no ayudarte a Ti.

(Se marcha deprisa).

JUDAS: Rabí, no debimos haber molestado a ese hombre si queremos unir a nuestro pueblo.

(Jesús ignora a Judas y mira a Yussif para ver su reacción. Pero Yussif solo repite...).

YUSSIF: ¿"Para la sepultura"?

(Jesús asiente silencioso).

"... La piedra que los edificadores desecharon, ha venido a ser la cabeza del ángulo; y: Piedra de tropiezo, y roca que hace caer, porque tropiezan en la palabra, siendo desobedientes; a lo cual fueron también destinados".
1 Pedro 2:7–8

"Mas vosotros sois linaje escogido, real sacerdocio, nación santa, pueblo adquirido por Dios, para que anunciéis las virtudes de Aquel que os llamó de las tinieblas a su luz admirable; vosotros que en otro tiempo no erais pueblo, pero que ahora sois pueblo de Dios; que en otro tiempo no habíais alcanzado misericordia, pero ahora habéis alcanzado misericordia".

1 Pedro 2:9–10

CONCLUSIÓN

Pedro concluyó la primera sección de su carta a los "expatriados de la dispersión" (1 Pe. 1:1) con una declaración sobre su misma identidad.

Y la nuestra.

Somos elegidos.

Somos apartados.

Somos amados.

Somos receptores de la misericordia de Dios.

Somos heraldos de Su bondad.

Somos ciudadanos del cielo.

Así como Pedro, nos gozamos en las pruebas, en las adversidades y, sí, *incluso en el sufrimiento* pues entendemos su propósito en nuestras vidas; es por ello que fijamos la mirada en sus bendiciones y nos aferramos a lo radicalmente bueno que es Dios, mientras esperamos eso mayor que Él está haciendo. Ciertamente, las cosas difíciles que experimentamos en esta breve vida *siempre* son superadas por la obra más grande que Dios está haciendo en y a través de ellas. Así que, en vez de lamentar la escasez, la recibimos con gratitud.

"Amados, no os sorprendáis del fuego de prueba que os ha sobrevenido, como si alguna cosa extraña os aconteciese, sino gozaos por cuanto sois participantes de los padecimientos de Cristo, para que también en la revelación de su gloria os gocéis con gran alegría" (1 Pe. 4:12–13).

Ojalá confiemos en Dios con mayor anticipación, incluso gozo, porque Su perfecto, amoroso y constante plan por nuestras vidas es bueno. Ojalá acojamos nuestra identidad en Cristo y permaneciéramos firmes en la victoria que ha asegurado. Y ojalá que, así como todos los fieles seguidores de Jesús que nos precedieron, proclamemos las buenas nuevas de Su misericordiosa salvación hasta alcanzar el cielo.

Después de todo, solo es cuestión de tiempo.

NOTAS

NOTAS

NOTAS

NOTAS

NOTAS

ACERCA DE LOS AUTORES

Amanda Jenkins es autora y madre de cuatro hijos. Es la principal creadora del contenido extra de *The Chosen*, incluyendo los libros devocionales de *The Chosen*, y los libros infantiles *The Chosen: Jesus Loves the Little Children* y *The Shepherd*. Vive en Texas con sus hijos y su esposo, Dallas, creador de *The Chosen*.

Dallas Jenkins es cineasta, autor y conferencista. En los últimos veinte años, ha dirigido y producido más de una docena de películas para compañías como Warner Brothers, Lionsgate, Universal Studios y Hallmark Channel. Ahora es el creador de *The Chosen*, el primer programa multitemporada sobre la vida de Jesús y el proyecto de medios de mayor financiamiento colectivo de la historia. Vive con su familia en Texas, donde ahora se graba el programa.

El consultor bíblico evangélico oficial para la serie The Chosen, **Douglas S. Huffman** (PhD, Trinity Evangelical Divinity School) es un profesor del Nuevo Testamento y decano asociado de Estudios Bíblicos y Teológicos en la Escuela Talbot de Teología (Universidad de Biola) en California. Se especializa en griego del Nuevo Testamento, Pensamiento Cristiano y Lucas-Hechos, y es el autor de *Verbal Aspect Theory and the Prohibitions in the Greek New Testament* y *The Handy Guide to New Testament Greek*, editor colaborador de libros como *God Under Fire: Modern Scholarship Reinvents God*, *How Then Should We Choose? Three Views on God's Will and Decision Making* y *Christian Contours: How a Biblical Worldview Shapes the Mind and Heart*, y contribuidor en varias revistas teológicas y obras de referencia. El Dr. Huffman aparece en la "Mesa redonda bíblica" de *The Chosen* en la aplicación *The Chosen*. Le gusta trabajar con estudiantes de pregrado de Biola, señalándoles las Escrituras como la Palabra de Dios para la actualidad.